新編 生命の實相 第62巻

仏教篇

いのちの解脱

上

谷口雅春

Masaharu Taniguchi

光明思想社

編者はしがき

谷口雅春先生は、『無門關解釋』『維摩經解釋』『大般涅槃經解釋』など数多くの仏典解釈書を世に出されているが、本篇「仏教篇」上下二巻は、そのような仏典の解釈書でも解説書でもない。

谷口雅春先生が神の啓示を受けて把握した「生命の実相」の真理に基づいて仏教を繙《ひもと》くとき、釈尊の悟った「唯一無二の真理」もまた、谷口雅春先生の悟った真理と同一のものであることを明らかにするために書かれたのが、本篇「仏教篇」である。

この「仏教篇」は、他の『生命の實相』各篇と同様、先ず谷口雅春先生の教え即ち

「生命の実相」の真理が説かれていく。その上で「生命の実相」の真理が、釈迦の説かれた真理と同一であり、イエスの教えもまた「生命の実相」の真理と同じであることが説かれている。

谷口雅春先生は本書の「はしがき」で次のように述べておられる。

「世界の宗教は一つでなければならないのである。宗教が互《たがい》に対立しているような状態では人間は対立するほかはない。世界の平和は人類が唯一つの本源なる神より生じ、一体であって本来対立することなきものであるという真理に目覚めることのみによって達成せられるのである。あらゆる人間の救いの原理は一つでなければならない。それは人間の生命の起源が一つであるから、その救いの原理も一つでなければならないのは当然の帰結である」

このように述べられた上で、次のように「はしがき」を締《し》め括《くく》られている。

「本書に於いては仏教とキリスト教とが結局『一』に融合すべきものであることを明《あきら》かにし、それによってイエスや釈迦時代の宗教的奇蹟の復活を可能ならしめ、かねてこの真理よりして、人類永久平和への道と、人類永遠至福健康への道とを具体的に開示せんとしたものを以て『仏教篇』とし(た)」

その釈迦が悟った真理とはどのようなものだったのか。釈迦はウルビルワーの苦行林で六年間も苦しい修行を行ったが、それでも悟りを得ることが出来なかった。それで遂に苦行林を出て、痩《や》せ細った体で尼連禅河《にれんぜんが》の河畔までやってきたとき、一人の娘が一杯のお粥《かゆ》を釈迦に恵んでくれた。

釈迦は「ああ、有難い」と食べた。そのとき、釈迦は悟ったのである。何を悟ったのか。谷口雅春先生は次のように説かれる。

「釈迦の心が突然変った。釈迦は別の世界の風光を御覧になったのであります。釈迦がその時何をお喫《あが》りになったかというと、物質的外観からいえば牛乳のお粥をお喫《あが》りになったのですけれども、釈迦はその時に、その物質を見ずして、その牛乳の中にあるところのその牛乳を捧げた『乙女の愛』というものをお喫《あが》りになったのでありま す。……殺し合いの世界と見えたこの世界は、悟って見れば万物ただ生かし合いの世

界だったのであります」（五四～五五頁）

この感動的な場面、そして釈迦の悟りについてはぜひ詳しく本文を読んで頂きたい。

さて本書には、劇作家で『出家とその弟子』や『愛と認識との出発』の著者として知られる倉田百三とのやり取りが収められている。このやり取りは、谷口雅春先生の「唯神実相論」を理解する上で大変重要な内容となっている。

それは、倉田百三から谷口雅春先生に送られた「唯神実相論」への疑問もしくは反論の手紙を公開した上で、その手紙に対する谷口雅春先生の回答である。

そのやり取りは痛烈である。倉田百三は谷口雅春先生の「唯神実相論」に対して次のように疑問と反論とを呈する。

「私は貴兄《きけい》の徹底的な唯心論、物質は本来ないという説に、非常な共鳴と興味とを持ちながら、ぴったりそうなり切れない理論上の障礙《しょうがい》を持っています。したがって貴兄の如く、精神力で肉体の病気が治るということを、勇敢に徹底的には主張出来ません」（七三～七四頁）

「神に帰一して生きるということは出来るが、その神と帰一すれば必ず病気が治るということは私には信じられない」（七五頁）

「どうも私の寂光《じゃっこう》と貴兄《きけい》の光明《こうみょう》とは異《ちが》ってるようです。私のは暗《やみ》を含んだ光で、暗《やみ》と対立した光でない。病気、不幸、禍害《かがい》も光の中にあるのです。光があらわれれば暗《やみ》が退《しりぞ》くという光とは異《ちが》うのです。

その相異があるために、どうも私は貴兄の立場に全的共鳴の文章を書くことの出来ない立場にいるのです」（七七〜七八頁）

これらの倉田百三の疑問や主張に対して谷口雅春先生は、

「あなたと同じような信仰に落着いていられる方もありましょうし、同じような疑問を『生長の家』所説の真理に対して抱いているような方もあろうと思いますので、あなたの御手紙で御書き下さった吾々の意見の相異点を列挙して正しき信仰を求める方の参考にしてみたいと思います」（八一頁）

と述べられて、長文を草して徹底的に論じておられるのである。その一例として、

「生長の家の『光明一元の世界観』が多くの人々に理解され難いのは、多くの人が『現象宇宙』と『実在宇宙』とを混淆《こんこう》し、『現象人間』と『実在人間』とを混同し、釈迦が『久遠常在《くおんじょうざい》の霊鷲山《りょうじゅせん》』(実在界)を説いているのに衆生《しゅじょう》は『久遠常在《くおんじょうざい》の霊鷲山《りょうじゅせん》』を見ることを得ずして、『焼け尽きて憂怖《うふ》諸《もろもろ》の苦悩悉《ことごと》く充満せる現象世界』を見、この世界は『苦悩悉《ことごと》く充満せり』と見ているのです」(一〇五頁)
と説かれて、倉田百三の「光と暗《やみ》が混在する寂光世界」と、谷口雅春先生の「光一元の光明世界」との違いを論じておられる。

ぜひ本文を熟読して頂き、谷口雅春先生の徹底した「実相独在論」を会得して頂ければ幸いである。

令和六年四月吉日

谷口雅春著作編纂委員会

はしがき

世界《せかい》の宗教《しゅうきょう》は一《ひと》つでなければならないのである。宗教が互《たがい》に対立《たいりつ》しているような状態《じょうたい》では人間《にんげん》は対立するほかはない。世界の平和《へいわ》は人類《じんるい》が唯一《ただひと》つの本源《ほんげん》なる神より生《しょう》じ、一体《いったい》であって本来《ほんらい》対立することなきものであるという真理《しんり》に目覚《めざ》めることのみによって達成《たっせい》せられるのである。あらゆる人間の救《すく》いの原理《げんり》は一つでなければならない。それは人間の生命《せいめい》の起源《きげん》が一つであるから、その救いの原理も一つでなければならないのは当然《とうぜん》の帰結《きけつ》である。然《しか》るに世界には多くの宗教があり、互《たがい》に排擠《はいせい》して、自己《じこ》のみ真《しん》の救いの原理

はしがき　愛蔵版第二十巻の「はしがき」

帰結　最後にたどり着く結論や結果

排擠　他をおしのけたり陥れたりすること

を把握《はあく》するのだと主張《しゅちょう》する。それは何故《なぜ》であろうか。それは各民族《かくみんぞく》に、また各地域《かくちいき》に、また各時代《かくじだい》にはそれぞれの雰囲気《ふんいき》があり、民族精神《みんぞくせいしん》があり、時代精神《じだいせいしん》があり、それに連関《れんかん》せずに「救《すく》いの原理《げんり》」を説《と》いても、あまりに時代や、民族に懸絶《けんぜつ》せるものは理解《りかい》し得《え》ないがために、教《おし》えが時代及《およ》び民族の常識《じょうしき》または理解力《りかいりょく》に適《てき》するように説かれるようになったのである。そこに人類《じんるい》の唯一《ゆいいつ》なる「本源《ほんげん》」と「救いの原理」とが幾多《いくた》の時代的《じだいてき》、場所的《ばしょてき》、民族的粉飾又《みんぞくてきふんしょくまた》は附加物《ふかぶつ》をもってつつまれ、その粉飾や附加物の方《ほう》があたかも宗教《しゅうきょう》の真髄《しんずい》の如《ごと》く考えられ、その粉飾と附加物との相異《そうい》によって、互《たが》いの宗教は対立《たいりつ》しはじめたのである。しかし、今《いま》までの時代に於《お》いてはそれでもよかったのである。それは尚文化《なおぶんか》が発達《はったつ》せず世界各国《せかいかっこく》が互いに孤立《こりつ》していて、互いの信仰《しんこう》が別々《べつべつ》であっても、互いの接触《せっしょく》がそれ程頻繁《ほどひんぱん》ではなく緊密《きんみつ》でもなかったからである。然《しか》るに世界《せかい》の文化は愈々《いよいよ》進み、殊《こと》に第二次世界大戦以後《だいじせかいたいせんいご》は「一の世界」ということが各所《かくしょ》で称《とな》えられるに到《いた》り、ここに人

連関　関わり合ってつながること

懸絶　かけ離れていること

粉飾　うわべをとりつくろうこと

あたかも　まるで

真髄　最も重要で奥深い大切なことがら

緊密　物事の関係が密接なさま

類は「二」に結合《けつごう》さるべき機運《きうん》が旺然《おうぜん》として湧《わ》き起《おこ》って来《く》るに到《いた》ったのである。今《いま》ほど人類《じんるい》が「二」に結合さるべき要請《ようせい》の強い時代《じだい》はないのである。したがって又《また》、今ほど、世界《せかい》の宗 教《しゅうきょう》がその個々別々《ここべつべつ》の粉飾《ふんしょく》と附加物《ふかぶつ》とを捨去《すてさ》って裸《はだか》になって「二」の真理《しんり》とならなければならない時代はないのである。

生長《せいちょう》の家《いえ》が「あんなものは各宗《かくしゅう》の善《よ》いところばかり集めたもので、一宗《しゅう》と言《い》い得《う》るものではない」と評《ひょう》されるのは、時代や民族《みんぞく》の粉飾と附加物を漉《こ》し去《さ》って人間救《にんげんすく》いの根本原理《こんぽんげんり》たる普遍的真理《ふへんてきしんり》のみを説《と》くようにしているからである。キリストは「真理は汝《なんじ》を自由《じゆう》ならしめん」と「ヨハネ伝《でん》」でいっている。仏教《ぶっきょう》では自由解脱《じゆうげだつ》を得《え》た者《もの》を仏陀《ぶつだ》という。結局《けっきょく》、人類を解放《かいほう》するものが宗教でなければならないのである。一宗《しゅう》一派《ぱ》に人間を束縛《そくばく》するが如《ごと》きは、人類を解放することの反対《はんたい》であるがゆえに宗教ではないのである。

人間は何故《なぜ》救われるか？　それは「既《すで》に救われている神」が内在《ないざい》するからである。凡夫往生《ぼんぷおうじょう》を説く仏教もあるけれども凡夫《ぼんぷ》と見えているその奥《おく》に

機運　物事をなすのによい時機。機会
旺然　盛んなさま
キリスト　イエス・キリスト。キリスト教の始祖。紀元前四年頃〜紀元三十年頃。パレスチナで教えを宣布し、多くの奇蹟を起こした。ローマのユダヤ総督ピラトによって磔に処された
「真理は汝を…」『新約聖書』「ヨハネ伝」第八章にあるキリストの言葉
「ヨハネ伝」『新約聖書』中の第四福音書。著者に『ヨハネ傳講義』の著作がある
仏教　世界三大宗教の一つ。紀元前五世紀頃、釈迦がインドで説いた教え。日本には六世紀中期に伝来した
解脱　迷いや苦しみの縛りを解いて、人間本来の神性・仏性を悟ること

「既《すで》に解放《かいほう》されている自由《じゆう》なる者《もの》」(仏性《ぶっしょう》)があるからこそ、その真理《しんり》を知れば、凡夫《ぼんぷ》と見えるものが仏陀《ぶつだ》となるのである。その救《すく》いの本源《ほんげん》たる神(又《また》は本来《ほんらい》自由なる者——仏性《ぶっしょう》)は個《こ》の内《うち》に内在《ないざい》すると同時《どうじ》に、普遍的《ふへんてき》な存在《そんざい》として外にも上にも下にも、あらゆる処《ところ》にましまして全人類《ぜんじんるい》を一体《いったい》に包んでいるのである。

このような超越的内在《ちょうえつてきないざい》の神性《しんせい》又《また》は仏性《ぶっしょう》の信仰《しんこう》こそ全人類を「一」に結《むす》び合《あわ》す愛の紐《ひも》となり得《う》るのである。私は仏教家《ぶっきょうか》が直《す》ぐ言葉の端《はし》を捉《とら》えて有神論《ゆうしんろん》にケチをつけたがるのを悲しむ者である。有神論は結局《けっきょく》、内在仏性《ないざいぶっしょう》論《ろん》となるべきことは、「神の国《くに》は汝《なんじ》の内《うち》にあり」というイエスの言葉でも分《わか》るのである。本書《ほんしょ》に於《お》いては仏教とキリスト教《きょう》とが結局「一」に融合《ゆうごう》すべきものであることを明《あきら》かにし、それによってイエスや釈迦《しゃか》時代《じだい》の宗教的《しゅうきょうてき》奇《き》蹟《せき》の復活《ふっかつ》を可能《かのう》ならしめ、かねてこの真理よりして、人類永久平和《じんるいえいきゅうへいわ》への道《みち》と、人類永遠至福健康《じんるいえいえんしふくけんこう》への道とを具体的《ぐたいてき》に開示《かいじ》せんとしたものを以《もっ》て「仏《ぶっ》

凡夫　悟りに至っていない愚かな者
往生　極楽浄土に生まれ変わること
仏性　内在する仏としての本性
有神論　神の存在を認める立場
「神の国は…」『新約聖書』「ルカ伝」第十七章にあるイエスの言葉
キリスト教　ユダヤ教を母体としてパレスチナに興る。唯一絶対の神を奉じ、現在に至るまで欧米文化の基盤をなしている。イエス・キリストが始祖
融合　とけ合って一つになること
釈迦　紀元前四六三～前三八三年頃。仏教の始祖。二十九歳で出家。苦行の末三十五歳で悟りを開いた

教篇《きょうへん》」とし、次篇《じへん》の「家庭教育篇《かていきょういくへん》」に於《お》いては、人間《にんげん》の仏性《ぶっしょう》(又《また》は神性《しんせい》)を礼拝《らいはい》することによって如何《いか》に児童《じどう》が健全《けんぜん》に優良《ゆうりょう》に育つかを実例《じつれい》によって示さんとしたものである。今《いま》や日本《にっぽん》の教育《きょういく》は唯物論《ゆいぶつろん》に陥《おちい》って危機《きき》に臨《のぞ》んでいるのある。本書《ほんしょ》の愛蔵版《あいぞうばん》が出るのを機会《きかい》に、書棚《しょだな》にこの全集《ぜんしゅう》を備《そな》えて、あなたの愛児《あいじ》たちが自己内在《じこないざい》の仏性《ぶっしょう》を自覚《じかく》して健全優良なる人間にまで成長《せいちょう》して、全人類《ぜんじんるい》の光《ひかり》とならんことを希《こいねが》うものである。

昭和四十八年十月四日

著者《ちょしゃ》識《しるす》

「家庭教育篇」 本全集第六十四・六十五巻

愛蔵版 昭和四十五年十月から昭和四十八年十二月までの約三年にわたって発行された函入りの上製本。本全集の底本。全二十巻

仏教篇

いのちの解脱（上）

目次

第63巻・仏教篇　いのちの解脱（下）

第四章　（承前）仏教とキリスト教とはかくして融合す

第五章　『華厳経』序講

第六章　即身成仏の真理

凡例

一、本全集は、昭和四十五年～昭和四十八年にわたって刊行された愛蔵版『生命の實相』全二十巻を底本とした。本書第六十二巻は、愛蔵版第二十巻『佛教篇』を底本とした。

一、本文中、底本である愛蔵版とその他の各種各版の間で異同がある箇所は、頭注版、初版革表紙版、黒布表紙版等を参照しながら確定稿を定めた。

一、底本は正漢字・歴史的仮名遣いであるが、本全集は、一部例外を除き、常用漢字・現代仮名遣いに改めた。

一、現在、代名詞、接続詞、助詞等で使用する場合、ほとんど用いられない漢字は平仮名に改めた。

一、本文中、誤植の疑いがある箇所は、頭注版、初版革表紙版、黒布表紙版等各種各版を参照しながら適宜改めた。

一、本文中、語句の意味や内容に関して註釈が必要と思われる箇所は、頭注版を参照しつつ脚註として註を加えた。但し、底本の本文中に括弧で註がある場合は、例外を除き、その箇所のままとした。

一、聖書、仏典等の引用に関しては、明らかに原典と異なる箇所以外は底本のままとした。

一、頭注版『生命の實相』全四十巻が広く流布している現状に鑑み、本書の章見出し、小見出しの下の脚註部分に頭注版の同箇所の巻数・頁数を表示し、読者の便宜を図った。

一、本文と引用文との行間は、読み易さを考慮して通常よりも広くした。

一、本文中に出てくる書籍名、雑誌名はすべて二重カギに統一した。

仏教篇　いのちの解脱（上）

明鏡《めいきょう》は台《だい》に非《あら》ず、人間《にんげん》は肉体《にくたい》に非《あら》ず

禅宗《ぜんしゅう》は第《だい》五祖《そ》の弘忍大師《こうにんだいし》に到《いた》って愈々《いよいよ》その教《おしえ》盛《さか》んになり、大師《だいし》のもとに参究《さんきゅう》する弟子《でし》七百人《にん》を数《かぞ》う。その弟子《でし》中《ちゅう》の上座《じょうざ》をなしていたのが神秀《じんしゅう》であって、その名声他《めいせいた》の弟子を圧《あっ》していた。後《のち》の六祖《そ》、慧能《えのう》、風《ふう》を聞いて弘忍《こうにん》の下《もと》に来《きた》る。弘忍《こうにん》は慧能《えのう》をして八ヵ月間《げつかん》、米舂《こめつき》をさせておいたが、或《あ》る日《ひ》弘忍愈々《こうにんいよいよ》衣鉢《いはつ》を伝《つた》うべき時《とき》が来《きた》ったことを知り、すべての弟子に自己《じこ》の悟《さと》りを書いて差出《さしだ》すように命《めい》じた。上座《じょうざ》の神秀《じんしゅう》は我《われ》こそ衣鉢《いはつ》をつぐべきものであると思い、得々然《とくとくぜん》として自己の悟りを次の如《ごと》く書いて廊下《ろうか》の壁《かべ》に掲《かか》げておいた。「身《み》は是《こ》れ菩提《ぼだい》の樹《じゅ》、心は明鏡《めいきょう》の台の如《ごと》し、時々《じじ》勤《つと》めて払拭《ふっしょく》して塵埃《じんあい》あらしむる勿《なか》れ」衆僧《しゅうそう》これを見て流石《さすが》は上座《じょうざ》の神《じん》秀《しゅう》であると感嘆《かんたん》した。しかし、これは身体《からだ》もあり、心もあり、迷《まよい》もあり、塵埃《じんあい》もあり、と捉《とら》われている観方《みかた》なのである。米春男《こめつきおとこ》の慧能《えのう》これを聴《き》いて、「まだ悟《さと》っていない」と批評《ひひょう》し、その夜廊下《よろうか》の壁《かべ》に「菩提《ぼだい》は本樹《もとき》に非《あら》ず、明鏡《めいきょう》も亦台《まただい》に非《あら》ず、本来無一物《ほんらいむいちぶつ》、何《なん》ぞ塵埃《じんあい》を払《はら》うを仮《か》らん」と一童子《どうじ》をして書かしめた。弘忍大師《こうにんだいし》これを見て感嘆し、ついに衣鉢《いはつ》を慧能《えのう》に伝えたのである。神秀《じんしゅう》は肉体人間《にくたいにんげん》をあるがままにあるとして修養《しゅうよう》の道《みち》を説《と》いた。これも確《たし》かに結構《けっこう》であるが、慧能《えのう》は、肉体人間を跳《と》び超《こ》えて、ただそのままで救《すく》われている自性円満《じしょうえんまん》の実相《じっそう》の中《なか》に跳込《とびこ》んでしまったのである。

第一章　「いのち」の自由《じゆう》

一

むかし或《あ》る婆《ばあ》さんが丑《うし》の刻詣《ときまいり》をして、「自分《じぶん》はあんなに息子《むすこ》と嫁《よめ》の仲《なか》が好《よ》ければ淋《さび》し過《す》ぎるから死んでしまいたい、どうぞ私を殺して下《くだ》さい」と祈《いの》っ

弘忍大師（前々頁）　唐代の禅僧。禅宗の第五祖。神秀の北宗禅、六祖慧能の南宗禅とに分かれて伝承された

神秀（前々頁）　弘忍大師の高弟。北宗禅の開祖

慧能（前々頁）　禅宗の第六祖。南宗禅の開祖

風（前々頁）　評判

衣鉢を伝える（前々頁）禅宗で法を伝える証拠として袈裟と鉢を授けること

本樹（前頁）　台木

何ぞ…仮らん（前頁）どうして塵埃に例える必要があろうか

頭注版㊴三頁

丑の刻詣　祈願成就または相手を呪い殺すために丑の刻（午前二時頃）に神仏に参拝すること

ておりました。すると盗賊《とうぞく》が出て来て、「殺してやろう、金《かね》を出せ」と申《もう》しましたら、そのお婆《ばあ》さんは、「いのちばかりは助けて下《くだ》さい」と言って逃《に》げ出《だ》したということでありますが、この「生命《いのち》ばかりは助けて下さい」という願《ねが》いが、総《すべ》ての人間《にんげん》の願っているところの共通的願《きょうつうてきねが》いではなかろうかと思うのであります。ところが、この「生命《いのち》ばかりは助けて下さい」というその生命《いのち》なるものは一体《いったい》どんなものであるかということは一人一人《ひとりひとり》の人間について考えてみますと、みな考え方が異《ちが》うであろうと思うのであります。盗賊に逢《あ》って助けて欲《ほ》しいと言った「いのち」と、多くの聖者《せいじゃ》が永遠《えいえん》の生命《いのち》を得《え》ようとて苦行《くぎょう》するような時《とき》の生命《いのち》と、或《あるい》はその日暮《ひぐ》しをしておられる方々《かたがた》の普《ふ》通《つう》の生命《いのち》というものと、いのちは生命《いのち》でも、その内容《ないよう》が異《ちが》うのではないかと思うのであります。しかしながら、この生命《いのち》の共通性《きょうつうせい》とでもいいますか、総《すべ》ての人《ひと》の持っている或《あるい》は考えている生命《せいめい》の共通性は何《なん》であるかといいますと、それはおよそ「自由《じゆう》」ということであると思うのであります。生命《いのち》の

聖者　修行を積んだ信仰者。聖人

本体《ほんたい》は自由《じゆう》である。それで自分《じぶん》は、丑《うし》の刻詣《ときまいり》をしたお婆《ばあ》さんが、息子《むすこ》と嫁《よめ》とがあまりに仲《なか》が好《よ》過《す》ぎるというような、そういう世界《せかい》にはおりたくない。自分は淋《さび》し過《す》ぎるから死にたいという希望《きぼう》を起《おこ》したというのも、これは一《ひと》つの自由を欲《ほっ》する心の状態《じょうたい》である。というのは、そのお婆さんは執着《しゅうじゃく》の念《ねん》によって息子《むすこ》に縛《しば》られていたのであります。自分の息子《むすこ》を嫁が奪《うば》って行《ゆ》くような気がする。それで自分が本当《ほんとう》に自由に子供《こども》を愛したい、自由に子供を独占《どくせん》したい——その愛したい独占したい自由というものが他に縛られて横取《よこど》りせられて満足出来《まんぞくでき》ない、即《すなわ》ち自由の反対《はんたい》を受けているのでありますから、何《なん》とか本当の解脱《げだつ》というものが得《え》たい、そういう執着《しゅうじゃく》の縛《しばり》を除《のぞ》いて、何《なに》かもっとどこかにありそうな解脱自由《げだつじゆう》というものが得《え》たい、そのためには死んでも好《よ》い、とこういう気持《きもち》で、この婆さんは丑《うし》の刻詣《ときまいり》にまで駆《か》り立《た》てられたのであろうと思うのであります。ところが盗賊《とうぞく》が出て来ていざ生命《いのち》を奪ってやろうと言われると、生命《いのち》を奪われたら自由になれるかしら、自由に息子《むすこ》を可《か》愛《わい》がれるかしらと思うと、可愛《かわい》がれないということになり、又《また》そこに自由《じゆう》も奪《うば》われるというので「命《いのち》ばかりは助けて下《くだ》さい」ということになったのだろうと思うのであります。

二

頭注版㊴五頁

何《なに》か病気《びょうき》にお罹《かか》りになりますと、宗教《しゅうきょう》にお縋《すが》りになって「どうぞこの病気が速く治《なお》りますように」こういうふうに願《ねが》って神仏《しんぶつ》に祈願《きがん》をおかけになる人《ひと》があります。これもやはり自由を求めての事《こと》であります。病気というものが、どうしてわるいかといえば、身体《からだ》が不自由《ふじゆう》である、思うように動けないからであります。苦痛《くつう》という問題《もんだい》もありますが、苦痛の本体《ほんたい》はやはり不自由ということであって、要《よう》するに自分《じぶん》の生命《いのち》の流れが自由に伸《の》び伸《の》びとしておったならば、そこに苦痛というものが感《かん》ぜられない。これに反《はん》して自分の生命《いのち》が何《なに》かに邪魔《じゃま》されて円滑《えんかつ》に動けない状態《じょうたい》、それが感覚《かんかく》に投影《とうえい》されて苦痛《くつう》として感《かん》ぜられるのでありますから、病気《びょうき》の苦痛を逃《のが》れたいというのも、要《よう》するに、これも自由《じゆう》を得《え》たい欲望《よくぼう》であると観《み》ることも出来《でき》るのであります。それから「お金《かね》を儲《もう》けさして下《くだ》さい」と言って神仏《しんぶつ》に祈願《きがん》を掛《か》けるような人《ひと》がありますこれもやはり自由を得《え》たい欲望からで、お金《かね》というものがあれば欲《ほ》しい物《もの》が買える、どこへでも行《ゆ》きたいところへ行《ゆ》け、芝居《しばい》もレヴューも観《み》られ音楽会《おんがくかい》にも出られ、ダンスも出来、美味《おい》しい物も食べられるというようなわけであって金《かね》が欲しい財産《ざいさん》が欲しいという心も、人間《にんげん》が自由を得《え》たい念願《ねんがん》から、そこに出て来るのであると考えられるのであります。それから家《か》庭《てい》が平和《へいわ》になりたいと願《ねが》うことでも、或《あるい》は国家《こっか》をよくしたいと考えるようなことでも、やはり国家なら国家の状態をよくすることによって総《すべ》ての人類《じんるい》が皆本当《みなほんとう》に自由になれるので、誰《たれ》にも束縛《そくばく》されないで、そのままよき世界《せかい》がそこに現《あらわ》れて総《すべ》ての人類が欲《ほっ》するところそのままを行《おこな》いつつ皆《みん》な調和《ちょうわ》した状

投影　物事の姿や形を影として映し出すこと

レヴュー　revue フランス語。ダンスや音楽などを組み合わせた華やかな演劇。昭和十年前後には主に松竹と宝塚の少女歌劇による公演が盛んに催された

態になりたいとこういう自由《じゆう》を欲《ほっ》する希望《きぼう》に発《はっ》しているのであります。この人間《にんげん》の自由を得《え》たい希望が一《ひと》つの現《あらわ》れとなって、社会運動《しゃかいうんどう》となり、或《あるい》は時《とき》に革命運動《かくめいうんどう》ともなり、或《あるい》は各種《かくしゅ》の慈善事業《じぜんじぎょう》ともなり、政治運動《せいじうんどう》ともなり、また教育運動《きょういくうんどう》、宗教運動《しゅうきょううんどう》ともなって出て来るわけでありますが、皆《みな》これ人間の自由を得《え》たい欲望《よくぼう》であります。人間の生命《いのち》の本体《ほんたい》というものは何《なん》であるかというと、自由がその本体であります。自由が本体でありますから、その本体の本然《ほんねん》の性質《せいしつ》の自由なるものを外部《がいぶ》に実現《じつげん》したいという念願《ねんがん》が等《ひと》しく吾々《われわれ》人間の内部《ないぶ》に宿《やど》っていると考えられるのであります。

さてこの、人間が自由を得《う》る、仏教的表現《ぶっきょうてきひょうげん》でいえば解脱《げだつ》を得《う》るといいますが、解脱《げだつ》とは、解《ほど》けること、解《ほど》け脱《だっ》する、縛《しばり》から解《ほど》け脱《だっ》した状態になる、これが本当《ほんとう》に自由を得《え》た状態、即《すなわ》ち阿耨多羅三藐三菩提《あのくたらさんみゃくさんぼだい》を得《え》たということであって、仏《ほとけ》とは生命《いのち》の本然《ほんねん》の自由さというものが、そこに本当に実現された人《ひと》を称《しょう》していうのであります。

革命運動　国や社会の仕組みを急激に暴力的に変えるために行動すること

慈善事業　災害に遭ったり生活に困窮したりしている人を助ける社会事業

本然　本来の状態

阿耨多羅三藐三菩提　仏の最上の智慧

吾々《われわれ》の生命《いのち》の本性《ほんせい》は「自由《じゆう》」そのものでありますから、その自由は自《おのず》から外《そと》に向《むか》って常《つね》に発現《はつげん》しよう発現しようとしているのであります。ところがこの現象世界《げんしょうせかい》には物質《ぶっしつ》という邪魔物《じゃまもの》、肉体《にくたい》という邪魔物《じゃまもの》、色々《いろいろ》の物的条件《ぶってきじょうけん》の障礙物《しょうがいぶつ》があるのでありまして、容易《ようい》に吾々《われわれ》は自由を得《え》、解脱《げだつ》を得《う》るというわけには行《ゆ》かないのであります。自由を得《え》ようとすればするほどちょうど踠《もが》けば踠《もが》くほど、いよいよ縛《しばり》附いてくる罠《わな》に引掛《ひっかか》っているのと同じように、吾々《われわれ》が自由を得《え》よう自由を得《え》ようと思えば思う程《ほど》、その罠《わな》、即《すなわ》ち物質の罠《わな》に引掛《ひっかか》って、到底生命《とうていいのち》の本然《ほんねん》の自由を発揮《はっき》することが出来《でき》ないということになるのであります。無論《むろん》、色々の科学的《かがくてき》の発明《はつめい》というもの、飛行機《ひこうき》の発明であるとか、或《あるい》は汽車《きしゃ》、汽船《きせん》、自動車《じどうしゃ》、電気《でんき》、ラジオその他《た》の発明というものは、これは悉《ことごと》く人間《にんげん》が本然《ほんねん》の生命《いのち》の自由を得《え》ん為《ため》の不断《ふだん》の刻苦努力《こっくどりょく》の結果《けっか》による解放《かいほう》の一種《いっしゅ》であります。例《たと》えば吾々《われわれ》が往昔《むかし》、東京大阪間《とうきょうおおさかかん》の旅行《りょこう》が徒歩《とほ》で十五日《にち》なり二十日《はつか》なりの長日数《ちょうにっすう》を要《よう》したものが、今日《こんにち》では十時間《じかん》更《さら》

発現　あらわれ出ること

刻苦　心身を苦しめて努力すること

にもっと短時間《たんじかん》をもって容易《ようい》に達《たっ》し得《う》るようになったというのも、大分《だいぶ》これは生命《せいめい》の自由《じゆう》が発現《はつげん》したということになるわけであります。飛行機《ひこうき》になりますと、汽車《きしゃ》、汽船《きせん》によって交通《こうつう》するとかいう事《こと》より、もう一層《いっそう》その程度《ていど》が進んだ人間《にんげん》の自由がそこに得《え》られたということになり、科学《かがく》の自然界征服《しぜんかいせいふく》とは、要《よう》するに人間の生命《いのち》の自由というものがそれだけそこに発現したものであるということが出来《でき》るのであります。ところがこの、科学によって人間の生命《いのち》の自由を獲得《かくとく》する程度《ていど》には、よし科学の進歩《しんぽ》が如何《いか》に不断《ふだん》に目覚《めざ》しくとも、そこに自《おの》ずから限度《げんど》というものがあるのであります。どうしてもそこに物質的限度《ぶっしつてきげんど》というものがある。無線電信《むせんでんしん》やラジオを利用《りよう》して、今欲《いまほっ》すること、今念《ねん》ずることをたちまち数《すう》千里《り》の距離《きょり》の外《そと》にまで伝達《でんたつ》することが出来ましても、やはり物質的条件《ぶっしつてきじょうけん》には一種《いっしゅ》の不自由《ふじゆう》というものがあるのであります。単《たん》にそういうふうに科学的発明《かがくてきはつめい》によって自然界を征服しましても、まだまだ征服しきれないものがある。このように、われわれ人間の欲望《よくぼう》は無限《むげん》なので

よし…とも　たとえ…としても
不断　たえず。いつまでも
無線電信　電線を媒介させずに電波を利用して符号で行う通信
里　一里は約四キロメートル

あります。

無論《むろん》、科学《かがく》の発明《はつめい》、薬学《やくがく》や医学《いがく》の進歩《しんぽ》によりまして、人間《にんげん》は或《あ》る程度《ていど》まで欲望《よくぼう》を充足《じゅうそく》し、病気《びょうき》なら病気を治癒《ちゆ》する方法《ほうほう》を発見《はっけん》しました。それによっても、人間は或《あ》る程度、その自由《じゆう》を獲得《かくとく》しつつあるのであります。これは大《おお》いに人間が自己《じこ》の努力《どりょく》によって得《え》たところの成果《せいか》として誇《ほこ》ってもよいでありましょう。けれども未《いま》だその自由は完全《かんぜん》に捉《とら》えられていません。医学は発達《はったつ》したとはいえ真《しん》に特効薬《とっこうやく》と称《しょう》せられるところの薬《くすり》は、僅々数種類《きんきんすうしゅるい》に過《す》ぎないというふうな状態《じょうたい》であり、多くの病人《びょうにん》は医術《いじゅつ》によって治《なお》らないので、医者《いしゃ》が患者《かんじゃ》の死に際《さい》して、この人《ひと》は何々病《なになにびょう》であって私が診《み》たのだけれども治《なお》らなかったという死亡診断書《しぼうしんだんしょ》を添《そ》えて、そうして医学も遂《つい》に及《およ》ばぬということを証明《しょうめい》することになっているのであります。そういうふうに医学は進歩しましたけれども、まだ完全に人間の生命《いのち》の自由というものを発現《はつげん》さすだけの力《ちから》がないのであります。その外《ほか》、色々《いろいろ》の人間の努力はありますけれども、こ

充足　充分にみたすこと。みち足りること

特効薬　ある特定の病気に著しい効果の或る薬物

僅々　わずかに。たったの

の外界《がいかい》の現象界《げんしょうかい》を物質的努力《ぶっしつてきどりょく》によって征服《せいふく》して行《い》って、そうして生命《いのち》の自《じ》由《ゆう》を得《え》させようということは或《あ》る程度《ていど》に於《おい》てそれぞれみな限度《げんど》があって、完全《かんぜん》なる自由というものは到底得《とうていえ》られないのであります。金《かね》さえあれば何《なん》でも出来《でき》るのだと思って、百万円《まんえん》、千万円、一億円《おくえん》の金《かね》を蓄《た》めてみても、やはり自由は得《え》られない。金《かね》が集《あつま》って来るとそれに伴《つ》れてまた色々《いろいろ》の人達《ひとたち》、それを欲《ほ》しい人達が集《あつま》って来《き》て色々話を持《も》ち掛《か》けてくる。すると折角自分《せっかくじぶん》が楽々《らくらく》とのんびりとやりたいと希《ねが》うような時間《じかん》にでも、或《あるい》は事業《じぎょう》の話を持掛《もちか》けられ、相談《そうだん》を持掛《もちか》けられ、寄付合力《きふごうりき》を求めて来たりするということになって、金《かね》を拵《こしら》えて楽《らく》をしている自分が却《かえ》って色々事業のことその他《た》にも心配《しんぱい》しなくてはならぬというふうに物的《ぶってき》に縛《しば》られた状態《じょうたい》になってしまう。こうしてどこにも生命《いのち》の自由というものは、これを完全に確保《かくほ》することが出来ないということになってくるのであります。

しかしながら人間《にんげん》の生命《いのち》の本然《ほんねん》の自由というものは、これは人間の生命《いのち》の

百万円、千万円、一億円　それぞれ現在の約二十億～三十億円、約二百億～三百億円、約二千億～三千億円に相当する。昭和初期の一円は現在の約二千～三千円に相当する

合力　金品をほどこして助けること

本体《ほんたい》でありますから、それが完全《かんぜん》に発現《はつげん》し実現《じつげん》することが出来《でき》ない限《かぎ》りに於《お》いて、吾々《われわれ》は安心立命《あんしんりつめい》することが出来ない、これでいいのであるという一《ひと》つの大きな落着《おちつき》を感《かん》ずることが出来ないのであります。

三

それで吾々《われわれ》がこの生命《いのち》の本然《ほんねん》の自由《じゆう》というものを獲得《かくとく》して、そのままでもうこれで完全に自分《じぶん》は自由であるという大きな自覚《じかく》を得《え》、それによって完全に自分の生命《いのち》の自由が解放《かいほう》される為《ため》にはどうしたらいいかということが問題《もんだい》になるのであります。今迄《いままで》の総《すべ》ての物質的《ぶっしつてき》努力《どりょく》というものは悉《ことごと》く人間《にんげん》の生命《いのち》の自由を発現さす為《ため》の努力《どりょく》ではありましたけれども、しかも、完全にそれを解決《かいけつ》し得《え》なかったのでありました。かくの如《ごと》くどうしても物質《ぶっしつ》によっては生命《いのち》の自由を実現することが出来ない。そこで是非共《ぜひとも》吾々《われわれ》は生命《いのち》の自由

安心立命　天命にまかせてあれこれ迷わぬ境地

頭注版㊴九頁

を実現《じつげん》すべき物質《ぶっしつ》以上《いじょう》の道《みち》を発見《はっけん》しなければならぬのです。こういう意味《いみ》に於《お》いて、古来幾多《こらいいくた》の宗 教的天才《しゅうきょうてきてんさい》が人間《にんげん》の本当の生命を得《う》る道を探究《たんきゅう》せられたのであります。旧《ふる》くは釈迦《しゃか》は生老病死《しょうろうびょうし》の四苦《しく》を解脱《げだつ》せんがために苦労《くろう》せられた。生老病死《しょうろうびょうし》の四苦《しく》というのもやはりこれは生命《いのち》の自由《じゆう》を縛《ばく》するところの四《よっ》つのものであります。第《だい》一、生苦《しょうく》とは生《せい》の苦しみ、生きている苦しみ、生存競争《せいぞんきょうそう》の苦しみ、争いの苦しみ、それから老苦《ろうく》とは年老《としお》いて、意気《いき》は壮《さかん》なれども身体《からだ》は思うようにならない、これもやはり自由に対《たい》する束縛《そくばく》であります。病気《びょうき》もやはり自由に対する束縛であって、自分《じぶん》はもっと元気《げんき》で自分の事業《じぎょう》をやって行《ゆ》きたい、自分の使命《しめい》を遂《と》げて行《ゆ》きたい、子供《こども》を愛し、家族《かぞく》と共《とも》に楽しんで生きて行《ゆ》きたい、かく思いつつも病気の前《まえ》には如何《いかん》とも為《な》し難《がた》い、これが病苦《びょうく》であります。最後《さいご》に死ということがやって来る。死はこれ又生命《またいのち》の自由に対する大きな威嚇《いかく》であります。吾々《われわれ》が瀕死《ひんし》の状態《じょうたい》にあって、僅《わず》かに残された手足の自由、唇《くちびる》の自由、それも辛《かろ》うじてちょっとだけ

探究　深くさぐって見きわめようとすること

生老病死　人間が避けることのできない四つの苦しみ。生きること、老いること、病むこと、死ぬこと

縛する　自由を制約する。束縛する

生存競争　生物が生存していくために競争しあうこと

威嚇　威力を相手に示しておどすこと

動かせるという程度《ていど》の自由《じゆう》、その悲しい自由をさえも瞬間《しゅんかん》にして奪《うば》ってしまう、これが死と称《しょう》する自由を束縛《そくばく》する恐《おそ》ろしい悪魔的《あくまてき》働《はたら》きであって、この死を吾々《われわれ》は恐れて空《むな》しく苦闘《くとう》してついに打挫《うちくじ》かれてしまう、これが死苦《しく》であります。この生老病死《しょうろうびょうし》の四《よっ》つの苦しみ、吾々《われわれ》の生命《いのち》の自由を縛《しば》ろうとするこの四つの敵《てき》を如何《いか》にして折伏《しゃくぶく》したらよかろうかというのが、これが釈《しゃ》迦牟尼仏《かむにぶつ》の探究《たんきゅう》の目標《もくひょう》であったのであります。そうして到頭《とうとう》釈迦牟尼仏《しゃかむにぶつ》がその道《みち》を発見《はっけん》せられたのであります。

生長《せいちょう》の家《いえ》で説《と》くところの道も、旧《ふる》く三千年《ねん》の昔《むかし》に釈迦牟尼仏《しゃかむにぶつ》が発見されたところの道そのままなのであります。真理《しんり》は常《つね》に新しく永遠性《えいえんせい》のあるものであります。永遠性のある真理でなければ道ではない。その道を今《いま》、釈迦《しゃか》の古代仏教《こだいぶっきょう》に帰り、原始仏教《げんしぶっきょう》に帰りまして、その生命《いのち》の自由を如何《いか》にして釈《しゃ》迦《か》が獲得《かくとく》したか、これをもう一度《ど》ここに吾々《われわれ》は考えて見《み》、釈迦牟尼仏《しゃかむにぶつ》が、総《すべ》ての生命《いのち》を縛るところの生老病死《しょうろうびょうし》の四苦《しく》を如何《いか》に解《と》き放《はな》つ道を悟《さと》って仏《ほとけ》

折伏　仏道に導き入れる方法として悪をくじき、屈伏させること

釈迦牟尼仏　釈迦のこと。「牟尼仏」は尊称

になったか、仏即《ほとけすなわ》ち一切《いっさい》の縛《ばく》から解《ほど》けた状態《じょうたい》、解脱《げだつ》した状態になったか、これを吾々《われわれ》は研究《けんきゅう》して見《み》、私自身《わたしじしん》も出来《でき》るだけ自由解脱《じゆうげだつ》の状態になり、皆《みな》さんもまたそれぞれに自由解脱《じゆうげだつ》の状態になって戴《いただ》きたいという運動《うんどう》、これが生長《せいちょう》の家《いえ》であるのであります。

今《いま》までの仏教《ぶっきょう》も大変結構《たいへんけっこう》であり、色々《いろいろ》の宗派《しゅうは》があり、その宗派の開祖《かいそ》が生きておられた当時《とうじ》に於《お》きましては皆《みな》それぞれに生きた立派《りっぱ》な真理《しんり》でありましたから、人々《ひとびと》の鑽仰《さんぎょう》を鍾《あつ》め崇拝《すうはい》の的《まと》になって、そこに到頭教団《とうとうきょうだん》の如《ごと》きものが出来上《できあが》ったのでありますけれども、そういう宗教的天才《しゅうきょうてきてんさい》が宗祖《しゅうそ》として現《あらわ》れた後《のち》にはそれを承《う》け継《つ》ぐべき相応《ふさわ》しき偉人《いじん》が現《あらわ》れること少《すく》なくして、その結果現代《けっかげんだい》の宗派仏教《しゅうはぶっきょう》のような状態になってしまったのであります。現在《げんざい》の多くの宗派仏教、寺院仏教《じいんぶっきょう》は檀徒《だんと》というものを持ち、その檀徒の布施《ふせ》に常《つね》に寄生《きせい》しながら生活《せいかつ》している。そうして、或《あるい》は葬式《そうしき》の行事《ぎょうじ》をし、或《あるい》は死骸《しがい》にお経《きょう》を上《あ》げるというような事《こと》を仕事《しごと》にして、生きた人《ひと》を教化《きょうげ》する事を忘れて

開祖 ある宗派の創始者

鑽仰 『論語』「子罕（しかん）」にある孔子の高弟顔淵の言葉。聖人や偉人の徳を仰いで尊ぶこと

宗祖 宗教の一宗一派を開いた人

檀徒 檀家の人々

布施 僧に施す金品

教化 神仏の教えによって人々を教え導くこと

しまったのであります。かつて生長《せいちょう》の家《いえ》は文部省《もんぶしょう》から教化《きょうか》団体《だんたい》か、宗教団《しゅうきょうだん》体《たい》か判《わか》らぬから、それが判《わか》らなければ取扱《とりあつか》い局《きょく》が判《わか》らぬので法人設立《ほうじんせつりつ》の受《うけ》付《つけ》が出来《でき》ぬと申《もう》された事《こと》もあります。宗教《しゅうきょう》とは教化《きょうか》すべき役目《やくめ》のものであり、教化《きょうか》する以上《いじょう》は生命《いのち》の本源《ほんげん》まで到達《とうたつ》して説《と》かねばならぬから、宗教は教化団体なのが当《あた》り前《まえ》なのですが、その時分《じぶん》は教化団体は宗教団体と区別《くべつ》しなければならぬと言われた。これを区別する標準《ひょうじゅん》は、宗教は葬式《そうしき》の儀礼《ぎれい》を扱《あつか》い、教化団体は生命《いのち》の本源《ほんげん》（神）まで到達して教《おし》えを説かなかった過渡時代《かとじだい》であったからであります。過去《かこ》に於《おい》ても偉大《いだい》なる教祖《きょうそ》は、おそらく釈迦牟尼仏《しゃかむにぶつ》でも各宗派《かくしゅうは》の宗祖《しゅうそ》でも人生《じんせい》を如何《いか》に生かすか、生命《いのち》の自由《じゆう》を如何《いか》に真《しん》に生かすかという事を、その当時《とうじ》の時代《じだい》に於《おい》て、その時代その当時の生きた人々《ひとびと》に烈々《れつれつ》たる気魄《きはく》をもって教化《きょうか》せられたに違《ちが》いないのでありまして、単《たん》に死骸《しがい》に対《たい》して、自分《じぶん》の生活《せいかつ》の保障《ほしょう》としてお経《きょう》を上《あ》げているというが如《ご》き機械的《きかいてき》寺院生活《いんせいかつ》をしていなかったのです。それが後世《こうせい》に於《おい》て、宗教と教化《きょうか》事業《じぎょう》とが分《わか》

文部省　学術・教育・文化・学校などに関する国の行政機関。明治四年設置。平成十三年に科学技術庁と統合され文部科学省となった

教化団体　戦前に於いて国民の精神的、道徳的な向上を目的とした団体。当初は内務省、後に文部省が管轄した

過渡時代　新しい時期に移り変わる間の時代。物事が確立せず動揺している時代

気魄　力強く立ち向かう精神力

れてしまって現在《げんざい》のような堕落《だらく》した状態《じょうたい》に立到《たちいた》ったのであります。そういうふうな宗教《しゅうきょう》が教化《きょうか》事業《じぎょう》を忘れていた時代《じだい》がずっと続いて来ました以上《いじょう》は、今度《こんど》は又《また》どこからかもう一度釈迦牟尼仏《しゃかむにぶつ》が人間《にんげん》の四苦《しく》を救《すく》う為《ため》に生老病死《しょうろうびょうし》の四《よっ》つの縛《ばく》から解《ほど》かれて、人間が本当《ほんとう》に生命《いのち》の自由《じゆう》を得《う》る道《みち》、単《たん》なる頭脳《あたま》の哲学《てつがく》ではなしに人生《じんせい》に本当に生きた、実際生活《じっさいせいかつ》に本当に生きた真理《しんり》として、人類《じんるい》に自由を得《え》させるところの教《おし》えというものがここにもう一度現《あらわ》れて来なければなるまいと思うのであります。仏《ほとけ》の人間救済《にんげんきゅうさい》の一大本願力《いちだいほんがんりき》が世界《せかい》の何処《どこ》かに脈打《みゃくう》っている限《かぎ》りに於《お》ては、何処《いずこ》からかそういうふうな生々《せいせい》たる運動《うんどう》が出て来なければならないと思うのであります。

要《よう》するに仏教《ぶっきょう》は単《たん》なる哲学でもなければ又死骸《またしがい》にお経《きょう》を上《あ》げるような、そんなくだらない無為消極《むいしょうきょく》のものでもない。人間に生老病死《しょうろうびょうし》の四苦《しく》の縛《ばく》がある。その縛《ばく》を敢然解放《かんぜんときはな》って、そうして本当に自由な人生を生き、その自由な人生をさながらに体験《たいけん》させるのでなければならない。現代《げんだい》に於《お》てその働《はたら》き

本願力　阿弥陀仏が衆生を救おうと立てた誓願による力
生々たる　生き生きとして活気があるさま
無為消極　何もしないで内にとじこもること
敢然　危険や困難を覚悟で思い切って行うこと
さながら　そのまま

を受持《うけも》つ仏《ほとけ》の人間救済《にんげんきゅうさい》の一大本願力《いちだいほんがんりき》の現《あらわ》れが生長《せいちょう》の家《いえ》なのであります。

四

然《しか》らば生長の家では、この生老病死《しょうろうびょうし》の四苦《しく》というものを如何《いか》にして超越《ちょうえつ》するかと言いますと、難《むつか》しいことも何《なに》もないのであります。それは生長の家へ来ると、中《なか》には病気《びょうき》が治《なお》ると言って喜《よろこ》ぶ方《かた》もある。或《あるい》は金《かね》が儲《もう》かると言って喜ぶ人《ひと》もある。欲《ほ》しい物《もの》が自《おの》ずと集《あつま》って来るといって喜ぶ人もある。これは実《じつ》に生命《いのち》の自由《じゆう》の状態《じょうたい》である。今迄《いままで》病気であって病気に縛《しば》られて動けなかった、それが病気が治《なお》り楽《らく》になって、自由に身体《からだ》が動くようになった。これは確《たし》かに生命《いのち》が自由を得《え》たところの証拠《しょうこ》である。或《あるい》は金《かね》が欲しいと思っていたらどこからか金《かね》を送ってくれた、或《あるい》は栗《くり》が欲しいと思っていると栗を送ってくれた、或《あるい》は林檎《りんご》が欲しいと思っていたら林檎《りんご》を送ってくれた、お菓子《かし》

頭注版㊴一四頁

が欲《ほ》しいと思っていたらお菓子《かし》が飛んで来た、こういうふうな工合《ぐあい》になれば、やはり自分《じぶん》の生命《いのち》の自由《じゆう》がそこに発現《はつげん》したのであると考えられるのであります。無論《むろん》それもそうであります。しかしそういうふうなことばかりに重心《じゅうしん》を置いて、それが「有難《ありがた》い、有難《ありがた》い」とこう思っていられる方《かた》がもしあるとしますと、それは物質《ぶっしつ》に偏《かたよ》り過《す》ぎているのでありまして本当《ほんとう》に自由解《じゆうげ》脱《だつ》を得《え》た状態《じょうたい》ということは出来《でき》ないのであります。そういう物質的《ぶっしつてき》な御《ご》利益《やく》ばかりを得《う》ることが人間《にんげん》の自由であると思っている人《ひと》には、やがて躓《つまず》く時《とき》が来る。要《よう》するに人間の本当の自由というものは、有限《ゆうげん》の世界《せかい》に於《おい》て有限のものを得《う》ることを喜《よろこ》んでいる如《ごと》きでは、到底得《とうていえ》られるものではない。この五《ご》官《かん》の物質の現象《げんしょう》の世界はやがて過ぎ去って行《ゆ》く相《すがた》である。釈迦《しゃか》も言われたように諸行《しょぎょう》は無常《むじょう》である。総《すべ》ての現象は過《す》ぎ行《ゆ》く相《すがた》であって、それはただ消えて行《ゆ》くほかはない。病気《びょうき》が治《なお》ったと言っていてもやがて死んで行《ゆ》かなければならない。金《かね》が儲《もう》かったと言っていてもいつの間《ま》にかその金《かね》は減《へ》るかも

御利益　神仏が与える恩恵

五官　外界の事物を感じ取る五つの感覚器官。目・耳・鼻・舌・皮膚

諸行は無常　世の中の一切のものは常に変化し生滅して、永久不変なものはないということ

知れない。減《へ》らなくともその財産《ざいさん》はそのままに遺《のこ》して、自分《じぶん》の肉体《にくたい》はどこかに消えて行《ゆ》かなければならない。これは本当《ほんとう》のことである。これが真理《しんり》である。けれどもそういう目に見える物質的現象《ぶっしつてきげんしょう》は皆過《みなす》ぎ行《ゆ》く相《すがた》である。けれどもその過《す》ぎ行《ゆ》く相《すがた》そのままに、生命《いのち》の解脱《げだつ》、生命《いのち》の自由《じゆう》というものを本当に得《う》ることが出来《でき》なければ、真《しん》に吾々《われわれ》は生命《いのち》の自由を体験《たいけん》したということは出来ないのであります。これが本当の宗教的《しゅうきょうてき》解脱《げだつ》というもの、宗教的の救《すくい》というものでありまして、宗教《しゅうきょう》とは金《かね》を儲《もう》けさせる為《ため》のものでも病気《びょうき》を治《なお》す為《ため》のものでもないのであります。無論金《むろんかね》の儲《もう》かることもある、病気が治《なお》ることもある、それはこともあるのであります。こともある——これは随伴的《ずいはんてき》の現象《げんしょう》なのであります。現象界《げんしょうかい》は心の波《なみ》の過《す》ぎ行《ゆ》く相《すがた》でありますから、心の波の過《す》ぎ行《ゆ》く過程《かてい》に於《おい》て善《よ》き心の波を起《おこ》した時《とき》には、そこに善《よ》き心の波が投影《とうえい》して善《よ》き心の波がスクリーンに映《うつ》って、そこに健康《けんこう》なる肉体も現《あらわ》れ、家《か》庭《てい》の光明化《こうみょうか》も実現《じつげん》する。けれどもそれも過《す》ぎ行《ゆ》く相《すがた》である、やがて過《す》ぎ行《ゆ》

随伴的　ある物事に伴って起こること

かなければならないのであって、それが過《す》ぎ行《ゆ》かないものであると、握って、しまった時《とき》に、吾々《われわれ》は生命《いのち》の自由《じゆう》を失ってしまうのであります。この過《す》ぎ行《ゆ》く相《すがた》の現象世界《げんしょうせかい》に、ここに今吾々《いまわれわれ》が生きていて、そうして過《す》ぎ行《ゆ》く相《すがた》の、消えなくてはならぬ相《すがた》の、滅《ほろ》びる相《すがた》のその底《そこ》に、滅びないところの、本当《ほんとう》に自由な、何物《なにもの》にも壊《こわ》されることのない金剛不壊《こんごうふえ》の自分《じぶん》というもの、それを把《つか》まなければならぬ。それを真《しん》に把《つか》んだ時に、初《はじ》めて本当に過《す》ぎ行《ゆ》く中《なか》に過《す》ぎ行《ゆ》かないところの「自由」というものを体験《たいけん》することが出来《でき》るのであります。これは決《けっ》して他《た》から見てわかるものではない。自分一人《じぶんひとり》の、個中《こちゅう》の消《しょう》息《そく》でありますけれども、この移《うつ》り変《かわ》る相《すがた》の中《なか》に、移《うつ》り変《かわ》らないところの永遠《えいえん》不滅《ふめつ》の生命《せいめい》を自覚《じかく》すること、これが本当の救《すくい》であり、宗教的解脱《しゅうきょうてきげだつ》というものであります。

　生長《せいちょう》の家《いえ》では「今を生きる」という言葉が『生命《せいめい》の實相《じっそう》』の随所《ずいしょ》に述《の》べられているのでありますが、この、「久遠《くおん》の今」を生きる、「今」の瞬間《しゅんかん》に

金剛不壊　「金剛」はダイヤモンド。非常に堅固でどんなものにも壊されないこと

個中の消息　物事の深い道理をきわめることによって得られる醍醐味。「個中」は個人の意ではなく学芸や物事の奥深い道理のこと

「今を生きる」　本全集第十二巻「生活篇」上巻八四頁等参照

『生命の實相』　著者の主著。昭和七年一月黒革表紙版が発行されてより各種各版が発行され、現在までに二千万部近くが発行されている

久遠　永遠

永遠《えいえん》を生きる事《こと》が出来《でき》ましたならば、朝《あした》に生きたならば夕《ゆうべ》には死んでもよいという実感《じっかん》が湧《わ》いて来る。これが永遠の生命《せいめい》を今《いま》生きている人《ひと》の本当《ほんとう》の自由《じゆう》の体験《たいけん》である。ですから、あのお婆《ばあ》さんが「今どうぞ殺して下《くだ》さい」と言っておって、さて「殺してやるぞ」と言われると「どうぞ助けて下さい」と言ったような状態《じょうたい》に於《お》ては、まだ本当にその人はいのちの自由を体得《たいとく》していないのであります。従《したが》って無論《むろん》、そこに真《しん》の解脱《げだつ》というものもないわけであります。本当の自由というものは、刻々瞬々《こくこくしゅんしゅん》に、一刻一瞬《いっこくいっしゅん》に久遠《くおん》の生命《せいめい》を体験することでなければならないのであります。その時《とき》に吾々《われわれ》は、このまま自分《じぶん》は無限《むげん》を生きている、永遠を生きている、久遠《くおん》を生きているということが自覚《じかく》されて来るのであります。この今が大切《たいせつ》でありまして、その「このまま」を握《にぎ》った時に吾々《われわれ》は本当に自由を得《う》る。この「このまま」がちょっと説明《せつめい》が難《むつ》かしいのでありますから「このまま」という言葉を用いるのでありますが、その「このまま」を把《つか》んだ時に、総《すべ》てと吾々《われわれ》は本当に仲好《なかよ》しにな

朝に…死んでもよい 『論語』「里仁」第四の八にある言葉。朝に真理を知ることができれば、その日の夕方に死んでも悔いはない

る。一体《いったい》になるということが出来《でき》る。それで『生命《せいめい》の實相《じっそう》』の巻頭《かんとう》の神示《しんじ》には「汝《なんじ》ら天地《てんち》一切《いっさい》のものと和解《わかい》せよ。天地一切のものとの和解が成立《せいりつ》するとき、天地一切のものは汝《なんじ》の味方《みかた》である――本当《ほんとう》の和解は互《たがい》に恢《こら》え合《あ》ったり、我慢《がまん》し合《あ》ったりするのでは得《え》られぬ云々《うんぬん》」と記《しる》されてあるのであります。それを恢《こら》えて、「仲好《なかよ》しになるのが宇宙《うちゅう》の原理《げんり》であるから仲好《なかよ》しになろう」というのでは、それは本当の仲好《なかよ》しではないのであります。自分《じぶん》がこの宇宙の一点《てん》に立って、久遠《くおん》の昔《むかし》から永劫《えいごう》に続き続いている時間《じかん》の唯一瞬《ただいっしゅん》の一点に立って、その久遠《くおん》の生命《せいめい》が今《いま》生きている、その久遠《くおん》の流れの中《なか》に総《すべ》ての生命《せいめい》が生きているのである、今このまま、今このまま救《すく》われているのであると解《わか》った時《とき》に、万象《ばんしょう》　悉《ことごと》く感謝《かんしゃ》の相《すがた》に変《かわ》ってしまうのであります。恢《こら》えて、これで我慢《がまん》して皆《みん》なと調和《ちょうわ》しようというのではないので、「ああ、このまま有難《ありがた》いのである。ここに久遠《くおん》の生命《いのち》が生きているのである。ああ有難《ありがた》い、有難《ありがた》い」と悟《さと》れたとき、そこに初《はじ》めて、総《すべ》てのものが一《ひと》つに仲好《なかよ》しにな

巻頭の神示　昭和七年発行の初版黒革表紙版『生命の實相』および各種各版の全集版第一巻の巻頭にある「七つの燈台の点灯者の神示」。神示は著者が神から受けた啓示。ここでは昭和六年九月二十七日に著者に天降った「大調和の神示」を指す

永劫　限りなく長い年月

ったということになるのであります。

五

さて、釈迦牟尼仏《しゃかむにぶつ》が悟《さと》りを開《ひら》かれまして、その久遠《くおん》の今、今已《すで》に永遠《えいえん》の生命《せいめい》を生きて本当《ほんとう》の自由解脱《じゆうげだつ》を得《え》た、生命《せいめい》の自由を得《え》たのであるということがおわかりになった時《とき》に、初《はじ》めてそれは慈悲《じひ》の光《ひかり》として発現《はつげん》して来たということになるのであります。例《たと》えば指ですが、掌《てのひら》の附《つ》け根《ね》の一点《てん》に立って、互《たがい》にそれぞれ別れてバラバラに見えていますが、個々別々《ここべつべつ》に見えているのは虚妄《うそ》であって個々別々の時間《じかん》と空間《くうかん》とに位置《いち》しつつ而《しか》も掌全体《てのひらぜんたい》に融合《ゆうごう》して皆《みん》な一《ひと》つの兄弟《きょうだい》としてつながっている。各々《おのおの》の指はそれぞれ一つの掌《てのひら》という生命《せいめい》のつながりであるのであります。このように指ひとつ見ましても、そこに彼《かれ》と見え、自分以外《じぶんいがい》のものと見えますけれども、決《けっ》して自分以外のもの

頭注版㊴一八頁

慈悲 仏教における四無量心「慈悲喜捨」のうちの二つ。いつくしんで楽を与え、あわれんで苦を除くこと

ではない、生きとし生けるもの悉《ことごと》く自分《じぶん》と一体《いったい》のものである、ということがわかるのであります。この一体の実相《じっそう》が解《わか》ってそこに人《ひと》に対《たい》する慈悲《じひ》の働《はたら》きというものが出来《でき》、人を救《すく》うための行《おこな》い、菩薩行《ぼさつぎょう》というものが現《あらわ》れて来るのであります。ですから真理《しんり》をお悟《さと》りになった釈迦牟尼仏《しゃかむにぶつ》の悟り以後《いご》の働きというものは、要《よう》するにその悟りを皆《みな》の人類《じんるい》に伝えるということであったのであります。これが仏《ほとけ》の役目《やくめ》である。仏《ほとけ》は或《あ》る場合《ばあい》には物的《ぶってき》な施《ほどこ》しもし、病者《びょうしゃ》には薬《くすり》も与えたというふうな記録《きろく》もありますけれども、釈迦《しゃか》が本当《ほんとう》に人類に与えようとせられたところのものは何《なん》であったかというと、人類の一人一人《ひとりひとり》に本当の生命《いのち》の自由を得《え》させたいということであったのであります。生老病死《しょうろうびょうし》の遷《うつ》り易《かわ》る相《すがた》に執《とら》われない、「今《いま》」の一瞬《いっしゅん》の刻々《こくこく》に久遠《くおん》の生命《せいめい》を生き、「今」この一瞬一瞬の生活《せいかつ》に、本来無限《ほんらいむげん》であり自由であるところの本当の生命《せいめい》を悟らせたいというのが、大聖釈迦牟尼仏《たいせいしゃかむにぶつ》の念願《ねんがん》であって、すべての説教《せっきょう》はそこに発《はっ》しているのであります。それで釈迦牟尼仏《しゃかむにぶつ》は哀《あわ》れ

菩薩行　自らも仏道の修行をしながら、さらに人々を救うために教え導く修行

大聖　徳が最も高い聖人

な者《もの》に必《かなら》ずしも物《もの》を恵《めぐ》むのみが、彼《かれ》を救《すく》う所以《ゆえん》であるとはせられなかった。饑饉《ききん》の年《とし》には貧乏《びんぼう》な農家《のうか》へ行《い》って却《かえ》ってそこへ托鉢《たくはつ》して、そこから恵みを受けるようにせよとまで言われた。窮乏《きゅうぼう》と不作《ふさく》と饑饉《ききん》に困《こま》っている農家へ行《い》って一杯《ぱい》の食事《しょくじ》を恵んで下《くだ》さいと言うことはこれは困っている貧乏人《びんぼうにん》からまだ奪《うば》うことである、けれども釈迦牟尼仏《しゃかむにぶつ》が願《ねが》われたところの自由《じゆう》というものはそういう物質的自由《ぶっしつてきじゆう》ではなかったのであります。そういう場合《ばあい》に托鉢《たくはつ》されたその相手《あいて》の人《ひと》が、自分《じぶん》は貧《まず》しくともこの人に一杯《ぱい》の御飯《ごはん》を分《わ》けてやりたいと思う、そこに愛の心が起《おこ》る、その愛の心が仏性《ぶっしょう》である、慈悲《じひ》の心が仏《ほとけ》の性《たね》であって、その仏《ほとけ》の性《たね》を引出《ひきだ》してやりたいという気持《きもち》から、饑饉《ききん》の時《とき》に貧しい農家に托鉢《たくはつ》する方《ほう》が、却《かえ》って本当《ほんとう》の慈悲《じひ》になる、というふうなことを言われたのであります。無論《むろん》、対機説法《たいきせっぽう》でありまして、色々《いろいろ》の場合に色々の説《と》き方《かた》をしておられます。四十年間《ねんかん》の説法《せっぽう》の中《なか》には、その説き方もたくさんある為《ため》に現在《げんざい》の仏教《ぶっきょう》では色々宗派《しゅうは》が分《わか》れ各宗《かくしゅう》が出来《でき》ていることになってい

托鉢　鉢を持って各戸をまわり、米や金銭などの施しを受ける修行

対機説法　相手の素質や能力や立場に合わせた説き方

るのでありますけれども、要《よう》するに、釈迦牟尼仏《しゃかむにぶつ》の願《ねが》われたところは、現実《げんじつ》の病気治《びょうきなお》しや、世俗的《せぞくてき》な金儲《かねもう》け等《とう》にあったのではなかった。それらをもう一《ひと》つ超越《ちょうえつ》したところの「解脱自由《げだつじゆう》」というものを得《え》せしめること、これが釈《しゃ》迦牟尼仏《かむにぶつ》の人類救済《じんるいきゅうさい》の目的《もくてき》であったのであります。けれども自然《しぜん》と、随伴《ずいはん》的《てき》に病気《びょうき》が治《なお》るというふうなこともありました。釈迦《しゃか》が弟子《でし》のところへ行《ゆ》かれたら弟子が熱病《ねつびょう》を患《わずら》っていた。そこで釈迦《しゃか》は、お前《まえ》にかつて教《おし》えてやったところの悟《さと》りに到《いた》る七覚支《しちかくし》というのをもう一度暗誦《どあんしょう》してみよ、こうその病弟子《びょうでし》に言われた。弟子の比丘《びく》はそれを再《ふたた》び暗誦してみたらたちまち病気が治《なお》ったということが『阿含経《あごんぎょう》』に見えている。これを釈迦《しゃか》が神通力《じんずうりき》に秀《ひい》でてお出《い》でになったのだと、こういうふうに考えるのも必《かなら》ずしも間違《まちがい》でありますまいが、実《じつ》はその比丘《びく》が病気になっていたのは、それは今《いま》まで悟りに到る七つの道《みち》を忘れておったからなのです。ところが釈迦《しゃか》がもう一度それを思い出して暗誦してみよ、こう言われて、その弟子が暗誦してみると、病気が

七覚支　さとりを得るための七種の修行法。択法（ちゃくほう）覚支、精進覚支、喜覚支、軽安（きょうあん）覚支、捨覚支、定（じょう）覚支、念覚支

比丘　出家した男性の修行僧

『阿含経』　初期仏教の経典。釈迦の教えを記録し、集成したもの。小乗仏教の根本聖典

神通力　何事でもなしうる霊妙な力

治《なお》った。これは生長《せいちょう》の家《いえ》で「『生命《せいめい》の實相《じっそう》』を読みなさい」と言うのと同じであります。比丘《びく》に対《たい》して、「暗誦《あんしょう》してみよ、もう一遍《ぺん》口に出して言ってみよ」と言われると、弟子《でし》は直《す》ぐ誦《い》えたから記憶《きおく》にも確《たし》かに残っていたに違《ちが》いないのですが、それが明瞭《はっきり》と意識《いしき》の上《うえ》に出て来なかった為《ため》に迷《まよ》って病気《びょうき》になっていたのであります。それで真理《しんり》の書物《しょもつ》はそれをお読みになって、その真理がよく解《わか》ったとしましても、それをもう一《ひと》つ言葉に出して復誦《ふくしょう》するというところに、そこに本当《ほんとう》に言葉の力《ちから》というものが出て来るのであります。これが真言《しんごん》の力であり、或《あるい》はお題目《だいもく》の力であり、阿弥陀仏《あみだぶつ》の名号《みょうごう》の力であり、写経《しゃきょう》の力であり、言葉の力であり、言葉によって自己《じこ》に内在《ないざい》する仏《ほとけ》を招《よ》び出《だ》すということになるのであります。だから一度悟《ひとたびさと》ったからもう称《とな》えなくても済《す》む、一遍《ぺん》読んで真理が解《わか》ったから再読《さいどく》の要《よう》はないというふうであってはならない。常《つね》に念仏《ねんぶつ》を称《とな》え、常に名号《みょうごう》を称《とな》え、常にお題目を称《とな》え、常に聖典《せいてん》を読み聖経《せいきょう》を誦《よ》むというようにしておりますと、今《いま》まで忘れていた

復誦　繰り返してとなえること
真言　真理を表す言葉
お題目　日蓮宗で称える「南無妙法蓮華経」の七文字
阿弥陀仏　阿弥陀如来ともいう。浄土信仰の中心的仏であり、生きとし生ける者を救済するための本願を立て、長い間の修行の末に仏となった
名号　仏や菩薩の名。浄土宗や浄土真宗では「南無阿弥陀仏」の六文字
聖典　宗教の教義の根本となる書物。ここでは主に『生命の實相』を指す
聖経　生長の家の経典。『甘露の法雨』『天使の言葉』など

(本当《ほんとう》には忘れるということはないのですけれども)潜在意識《せんざいいしき》の底《そこ》に埋《うも》れているところの真理《しんり》が、言葉の力《ちから》によって再《ふたた》びそこに生々《いきいき》と引出《ひきだ》されて来る、そうして諸々《もろもろ》の心の汚《けが》れが除《と》れ彼《か》の『阿含経《あごんぎょう》』の比丘《びく》のように病気《びょうき》が治《なお》るというふうなことにもなるのであります。けれども肉体《にくたい》というものは、結《けっ》局《きょく》遷《うつ》り変《かわ》る相《すがた》の、現象世界《げんしょうせかい》の中《なか》に映《うつ》る影《かげ》の状態《じょうたい》でありますから、活動写真《かつどうしゃしん》と同じように、活動写真のスクリーンにどんな立派《りっぱ》な力士《りきし》が映っていても、それはやがては消ゆべきところの力士である。吾々《われわれ》の肉体もどんな健康《けんこう》な相《すがた》を呈《てい》していてもやがては過《す》ぎ行《ゆ》くところの相《すがた》なのであります。それで『甘露《かんろ》の法雨《ほうう》』の中《なか》にも、どんな健康な力士でもこの肉体を本当に自分《じぶん》であると考えている限《かぎ》りに於《おい》ては、それは滅《ほろ》ぶるものであって永遠《えいえん》に生きるものでないという意味《いみ》のことが書いてあるのであります。そういうふうに生長《せいちょう》の家《いえ》では、病気が治《なお》り或《あるい》は欲《ほ》しいものが集《あつま》って来るといいますけれどもそれに捉《とら》われた時《とき》に吾々《われわれ》は再《ふたた》び迷《まよい》の底《そこ》へ顚落《てんらく》してしまうことになるのであります。

潜在意識　人間の意識のうち、自覚を伴わないが心の奥底に潜んでいる意識。全意識の九五パーセントを占め、人間の行動のほとんどはこの影響を受けるとされる。本全集第十一巻「精神分析篇」参照

活動写真　映画の旧称

『甘露の法雨』　昭和五年に著者が霊感によって一気に書き上げた五〇五行に及ぶ長詩。『甘露の法雨』の読誦により、今日に至るまで無数の奇蹟が現出している。本全集第三十五・三十六巻「経典篇」参照

顚落　ころげ落ちること。転落

今朝《けさ》、ある誌友《しゆう》の方《かた》から書面《しょめん》が参《まい》りました。「先生《せんせい》に遠隔治療《えんかくちりょう》をして戴《いただ》きたいとお願《ねが》いの手紙《てがみ》を差上《さしあ》げたところ、谷口先生《たにぐちせんせい》でなしに、他《た》の代筆《だいひつ》の方《かた》から返事《へんじ》があって、『生長《せいちょう》の家《いえ》は医者《いしゃ》ではありませんから、治療《ちりょう》はいたしませぬ。悪《あ》しからず思って戴きたい』という冷淡《れいたん》な意味《いみ》の事《こと》が書いてあった」と言うのであります。これはしかし当然《とうぜん》のことでありまして、生長の家は医者ではない、随《したが》って病気《びょうき》を治《なお》すということはないのであります。ところがその手紙は、非常《ひじょう》に立腹《りっぷく》した語調《ごちょう》で書いてある。「遠隔治療と言って頼《たの》んであるのだ。第《だい》一、医者に遠隔治療してくれと言って頼む人《ひと》があろうか。生長の家であればこそ遠隔治療をしてくれと言って頼むのだ」というような意味が述《の》べてあり、生長の家を、心霊治療所《しんれいちりょうしょ》か何《なに》かのように思《おも》い違《ちが》えていられるのであります。けれども生長の家は心霊治療《しんれいちりょう》というが如《ごと》きものではない。要《よう》するに悟《さと》りの道《みち》をもう一遍《ぺん》復誦《ふくしょう》してみよ、言葉に出して唱《とな》え、心にそれを憶念《おくねん》し、今《いま》の一瞬《いっしゅん》のいのちに永遠《えいえん》の生命《せいめい》を体得《たいとく》するように本当《ほんとう》の生命《せいめい》の自《じ》

誌友　狭くは月刊誌『生長の家』の読者を指し、広くは「生長の家」信徒を指す

遠隔治療　遠く離れた所から念を送って病人の心に作用させて病気を治すこと

心霊治療所　霊的エネルギーを患者の肉体に送って治療する所

憶念　仏教語。心にとめて忘れないこと

由《ゆう》というものを獲得《かくとく》せよ——これが第《だい》一義《ぎ》である、第一義整《ととの》えば遷《うつ》り変《かわ》る相《すがた》である現象世界《げんしょうせかい》にも健康《けんこう》なる相《すがた》が現《あらわ》れてくるのであろう、経済上《けいざいじょう》の不如意《ふにょい》の如《ごと》きもまた自然《しぜん》と豊《ゆたか》なる恵《めぐ》みとなって現《あらわ》れてくるのであろうというのであります。これは要《よう》するに自分《じぶん》の心が解脱自由《げだつじゆう》を得《え》た時《とき》にその解脱自由《げだつじゆう》の思いというものが時間空間《じかんくうかん》のスクリーンに映《うつ》って現《あらわ》れる随伴状態《ずいはんじょうたい》であります。

ところがその手紙《てがみ》の中《なか》には「生長《せいちょう》の家《いえ》は虚偽《きょぎ》であるのか、『生命《せいめい》の實相《じっそう》』の中《なか》には、先生《せんせい》にお願《ねが》いして、病《やまい》がたちまち癒《い》えた事実《じじつ》が二、三例《れい》載《の》っている。然《しか》るに遠隔治療《えんかくちりょう》を依頼《いらい》するに生長の家は医者《いしゃ》でないからといい、代筆《だいひつ》を以《もっ》て返事《へんじ》を寄越《よこ》すなどとは奇怪《きかい》である。一体《いったい》『生命《せいめい》の實相《じっそう》』の中《なか》の諸多《しょた》の治《ち》験例《けんれい》は果《はた》して事実か。」云々《うんぬん》と罵倒《ばとう》の言辞《げんじ》が連《つら》ねてあるのであります。尤《もっと》も私に手紙を書いて頼んだら病気が治《なお》った人《ひと》もある。しかし治《なお》った人は治《なお》った人で、治《なお》るだけの心境《しんきょう》を持っている。「汝《なんじ》の信仰《しんこう》汝《なんじ》を癒《いや》せり」とキリストも言っている。毀《こわ》れた安物《やすもの》のラジオ・セットを持って来てスイッチを入れて

第一義　最も大切で根本的な意義

不如意　思い通りにならないこと

罵倒　激しい言葉でののしること

「汝の信仰…」『新約聖書』「マタイ伝」第九章、「マルコ伝」第五章にあるキリストの言葉

も何《なに》も聴《きこ》えないからとて「アナウンサーの放送《ほうそう》がない、放送局《ほうそうきょく》はインチキだ」と言うのは間違《まちがい》であります。そういう工合《ぐあい》に、他《た》を批《う》ち、他《た》を憤《いきどお》るところには何《なん》の解脱《げだつ》も自由《じゆう》もないのでありまして、そこには唯迷《ただまよい》の、執着《しゅうじゃく》の念《ねん》のみがあるわけで、それは毀《こわ》れたラジオ・セットのような心である。そういう迷《まよい》の波《なみ》が現象世界《げんしょうせかい》に現《あらわ》れて来《く》る限《かぎ》りに於《お》いて、そこに病気《びょうき》が現れ不如意《ふにょい》不自由《ふじゆう》が現れるしか仕方《しかた》がないのであります。『生命《せいめい》の實相《じっそう》』の巻頭《かんとう》を披《ひら》いて御覧《ごらん》になるが宜《よ》い。「天地一切《てんちいっさい》のものと和解《わかい》せよ」そこに儼《げん》としてこう書いてある。「天地万物《てんちばんぶつ》との和解が成立《せいりつ》せねば、神は助けとうても、争《あらそい》の念《ねん》波《ぱ》は神の救《すく》いの念波《ねんぱ》を能《よ》う受けぬ」とこう明瞭《はっきり》と第《だい》一頁《ページ》の冒頭《ぼうとう》から述《の》べてあるわけでありまして、先刻《せんこく》の方《かた》などは、病気のみを心に把《つか》み、これを治《なお》せ、治《なお》さなければ恨《うら》みに思うなどと、そういうふうな気持《きもち》でそれで病気が治《なお》るとお考えになって誌友《しゆう》になっておられるのは見当違《けんとうちが》いです。惜《お》しいかな、本当《ほんとう》に生長《せいちょう》の家《いえ》の説《と》くところを読んではいられないのであります。それで

儼として　おごそかでいかめしいさま

私は、「何《なに》よりも先《ま》ず『生命《せいめい》の實相《じっそう》』をお読みなさい。再読《さいどく》また再読飽《あ》くまで真理《しんり》に徹《てっ》して下《くだ》さい」こう申《もう》すのであります。八回《かい》であれ、十回であれ、反復熟読《はんぷくじゅくどく》下《くだ》さいましたならば自《おのず》から悟《さと》るところがあり、その心境《しんきょう》に従《したが》って病気《びょうき》その他一切《たいっさい》の現象的不幸《げんしょうてきふこう》も自然自消《しぜんじしょう》することになるのであります。要《よう》するに現象界《げんしょうかい》は遷《うつ》り変《かわ》る波《なみ》の相《すがた》でありますから、悟《さと》りによって善《よ》き波を起《おこ》すことが必要《ひつよう》なのであります。

或時一人《あるときひとり》の御婦人《ごふじん》の方《かた》がお見えになりました。この方《かた》は非常《ひじょう》に熱心《ねっしん》な全《ぜん》集《しゅう》の読者《とくしゃ》であり、胸《むね》の病《やまい》、心臓病《しんぞうびょう》、肋間神経痛《ろっかんしんけいつう》、その他《た》なおたくさんの病気を患《わずら》っていられたのでありますが、『生命《せいめい》の實相《じっそう》』十数巻《すうかん》を反復八回とかお読みになったそうであります。いつも仏前《ぶつぜん》に正坐端坐《せいざたんざ》して全集をお抜《ひら》きになる慣《ならわ》しになっていて、その第四回目《だいかいめ》の際《さい》のお話であります。ちょうど『生《せい》命《めい》の實相《じっそう》』第三巻《かん》「聖霊篇《せいれいへん》・実証篇《じっしょうへん》」に対《むか》っていられまして、何《なに》か懈怠《けたい》の心を起《おこ》したとでも申《もう》しますか、聖典《せいてん》を読みながら、仏前《ぶつぜん》にお供《そな》えしてあった

全集　『生命の實相』全集を指す

肋間神経痛　肋骨の下の神経に鋭い痛みが生じる神経痛

端坐　姿勢を正してすわること

「聖霊篇・実証篇」　本全集では第八～十一巻

懈怠　修行を怠ってなまけること

お菓子《かし》の華足《けそく》を取出《とりだ》して来て何《なん》の気なしにこれを撮《つま》んでいられたのでありま す。撮《つま》んで食べながら読んでいられた。ところが家人《かじん》のどなたかであろう、仏間《ぶつま》の鼠防《ねずみふせ》ぎに、実《じつ》は「猫《ねこ》いらず」がそのお菓子には塗《ぬ》りつけてあったのだそうであります。そういうことは何《なに》もお知りにならない、ただ撮《つま》んでは食べていられた。本を読みながらであるから、少々位燐臭《しょうしょうぐらいりんくさ》い匂《におい》がしてもそうお気が着《つ》かなかった。到頭華足《とうとうけそく》に盛《も》ってあったその「猫いらず」の附《つ》いたお菓子を全部《ぜんぶ》食べてしまったのであります。それから激《はげ》しい苦悶《くもん》が始まり、医者《いしゃ》を招《よ》ぼうということになったのです。がこの方《かた》は既《すで》に非常《ひじょう》に信仰《しんこう》の深い方《かた》である。「自分《じぶん》の生命《いのち》は已《すで》に神様《かみさま》から与えられた生命《いのち》である。もし神様が自分を生かしておこうとお考えになるならば、これで生かして下《くだ》さるのである。またもしこのまま死ぬ方《ほう》がいいのであるならば、妾《わたし》は喜《よろこ》んで死なして戴《いただ》きます」とこう心に断乎《だんこ》たる全托《ぜんたく》の心を起《おこ》されたのであります。そうして医者の来《き》た頃《ころ》には、到頭《とうとう》そこに昏倒《こんとう》して、そのまま仮死《かし》の状態《じょうたい》に入《い》ってい

華足　仏前に供物を盛って供える器

猫いらず　殺鼠剤の商標名。明治三十八年に製造発売された日本初の黄燐（おうりん）系の殺鼠剤。現在は毒物及び劇物取締法の対象となり、一般には使われていない

全托　大いなるものに信頼してすべてをゆだねること

昏倒　目がくらんで倒れること

られた。

多分仮死《たぶんかし》の間《あいだ》に何《なん》とか医者《いしゃ》が処置《しょち》したのでもありましょうが、やがて次第《しだい》に気が着《つ》いて来られたのだそうであります。すると、天空《てんくう》から何《なん》ともいえぬ妙《たえ》なる楽《がく》の音《ね》、笙《しょう》、篳篥《ひちりき》の音《ね》のようなものが聞《きこ》えて来て、いつかそれが「神想観《しんそうかん》」の「招神歌《かみよびうた》」に一変《いっぺん》したそうであります。それを恍然《うっとり》と聞いていると、ふと又《また》目が覚《さ》めて来た。そしてその人《ひと》は思った、およそ自分《じぶん》の生命《せいめい》は神から来たものである、神が生かし給《たま》うているのである、もし死なしてよければ神が死なして下《くだ》さるのである、こう一切《いっさい》をただお委《まか》せの静かな落着《おちつ》いた気持《きもち》になっていられたのであります。これが、この境地《きょうち》が本当《ほんとう》の解脱《げだつ》である。自分が神と一《ひと》つであって、死ぬるも生くるも只《ただ》神と倶《とも》にである、自分は大生命《だいせいめい》と一つの流れに生きている、これが本当の解脱自由《げだつじゆう》であって、病気《びょうき》が治《なお》りたい、或《あるい》は金《かね》を儲《もう》けたい、そういうことが決《けっ》して真《しん》の解脱自由《げだつじゆう》ではないのであります。本当に大きな生命《せいめい》の流れに乗って、生死共《しょうじとも》にただこれ神のお計《はか》ら

妙なる　言葉で言い表せないほどすばらしい

楽　音楽。特に雅楽

笙　雅楽に用いる管楽器の一つ。笙の笛

篳篥　雅楽に用いる縦笛

神想観　著者が啓示によって得た坐禅に似た観法。本全集第十四、十五巻「観行篇　神想観実修本義」参照

招神歌　神想観の時に唱える、神を称え想う歌。この歌とともに神想観が始まる

いである、まだこの世《よ》に現《あらわ》れている必要《ひつよう》があるならば、生かして下《くだ》さるのであると、こういう気持《きもち》を以《もっ》て一切《いっさい》をお委《まか》せしていられたこの方《かた》は、最早《もはや》その翌日《よくじつ》から起きて動けるようになり、三日目《みっかめ》に中毒症状《ちゅうどくしょうじょう》が完全《かんぜん》に治《なお》ってしまい、今迄《いままで》悩《なや》んでいた肺病《はいびょう》もまた同時《どうじ》に治《なお》ってしまった。肺病だけではない、心臓病《しんぞうびょう》、肋間神経痛《ろっかんしんけいつう》その他《た》この方《かた》の一切《いっさい》の病気《びょうき》が自消《じしょう》していたのであります。要《よう》するにこの婦人《ふじん》は中毒《ちゅうどく》で昏倒《こんとう》する瞬間《しゅんかん》本当《ほんとう》に自分《じぶん》を捨てたのです。即《すなわ》ち大生命《だいせいめい》と一《ひと》つになってしまって解脱自由《げだつじゆう》を得《え》た、そこに一切が治《なお》ってしまったのであります。吾々《われわれ》の身体《からだ》の健康《けんこう》というものも、自分の真《しん》の悟《さと》りが現象界《げんしょうかい》に現《あらわ》れて、初《はじ》めてそこに出て来るのでなければ本当ではない。この自分を措《お》いて先《ま》ず他《ひと》に頼《たよ》る、遠隔治療《えんかくちりょう》、触手療法《しょくしゅりょうほう》に頼るというが如《ごと》きおよそうした心境《しんきょう》にある人々《ひとびと》は、この婦人の方《かた》の心境に比べて、遥《はる》かに低いところにおられることになるのであります。かかる状態《じょうたい》に於《お》いては、到底《とうてい》得《え》本当の健康というものは得《え》られない、本当の「生命《いのち》の自由」というものは得《え》

触手療法　手を当てて治療する民間療法の一つ

られるべくもないのであります。

第二章　釈迦《しゃか》の成道《じょうどう》

頭注版㊴二八頁

成道　悟りを開くこと。成仏得道

一、釈迦《しゃか》が出家《しゅっけ》するまで

頭注版㊴二八頁

出家　家や俗世の生活を捨てて仏門に入ること。また、その人

釈迦《しゃか》が出家をせられたのは、生老病死《しょうろうびょうし》の四苦《しく》を滅《めっ》する道《みち》を発見《はっけん》せんが為《ため》だったのであります。生老病死《しょうろうびょうし》の四苦とは――「生苦《しょうく》」というのは、生き

ている苦しみです。生活難《せいかつなん》、生きている者《もの》の色々《いろいろ》の人生苦《じんせいく》というふうなもの、単《たん》に人生苦だけではない、あらゆる生きとし生けるものの生きている間《あいだ》の苦しみをば、ひっくるめて「生苦《しょうく》」というのであります。これは釈迦《しゃか》が庭園《ていえん》を散歩《さんぽ》しておられた時《とき》に、浄居天《じょうごてん》という天人《てんにん》が烏《からす》に化《ば》けて降《お》りて来て、土をほじって蛆虫《うじむし》を啄《ついば》んで食べておったのであります。それを釈迦《しゃか》が眼《め》の前《まえ》に御覧《ごらん》になった時に「ああ生きているものは苦しみである」という事《こと》に気がつかれた。そうしてこういう生存競争《せいぞんきょうそう》の世界《せかい》、食《く》い合《あ》いの世界、蛆虫《うじむし》を食わなければ鳥《とり》は生きられない、又蛆虫《またうじむし》は鳥《とり》に喰《く》われたら生きられない、どちらかが食い食われなければ生きられない、どちらかが殺し殺されなければ生きられないというような、そんな残忍《ざんにん》な世界には生きていたくない、何《なん》とかもっと異《ちが》う調和《ちょうわ》ある世界がありそうなものだ——と、こうお考えになったのであります。そうして生かし合いの世界、助け合いの世界を求めてそれを探《さぐ》りに出たいと思っておられたのであります。自分《じぶん》は王宮《おうきゅう》におっても、その

浄居天　色界の第四禅天にある八天のうちの上の五天。また、そこに住む神

王宮《おうきゅう》にはそんな生かし合いの世界《せかい》がありそうには思えなかったのであります。色々《いろいろ》美味《おい》しい御馳走《ごちそう》を並《なら》べて持って来ても、ああこの御馳走《ごちそう》もここに並べて出されてくるその途中《とちゅう》で、どれだけ生《い》き物《もの》を殺しているだろうかというふうな事《こと》も考えられたのでありましょう。野菜《やさい》の料理《りょうり》を見るにつけても菜園《さいえん》を耕《たがや》しておった時《とき》にどれだけみみずを殺したか、どれだけ蛙《かわず》を殺したか、料理のためにその野菜を洗うことによってその野菜についておった虫をどれだけ水に流して殺してしまっただろうか。その傷《いた》ましい殺し合いの結果《けっか》が、この食膳《しょくぜん》に上《のぼ》っているのだ。そういう傷《いた》ましい色々の犠牲《ぎせい》によってのみ吾々《われわれ》は生きているのである。釈迦自身《しゃかじしん》では直接《ちょくせつ》に殺人《さつじん》など何《なん》にもなさらないけれども、そういうものを食べなければ生きられないというのであってみれば、やはり生《い》き物《もの》を間接的《かんせつてき》には殺しているのと同じだというふうな気持《きもち》がしたのであります。それ以来《いらい》この殺し合いの傷《いた》ましい世界から逃《に》げ出《だ》したいという気持《きもち》が釈迦《しゃか》の心から去らなかったのであります。

それより先《さき》、釈迦《しゃか》がお生《う》まれになった時《とき》に、王様《おうさま》は人相観《にんそうみ》を招《よ》んでその王子《おうじ》の人相《にんそう》を見ておもらいになったら、人相観《にんそうみ》が言うには、「王子は仏様《ほとけさま》の相《そう》をしているから、王様になれば転輪 聖王《てんりんしょうおう》といって、世界《せかい》を本当《ほんとう》に永 久《えいきゅう》に平和《へいわ》にする立派《りっぱ》な王様になる。しかしながらおそらく王様にはおなりにならないで、仏様《ほとけさま》になる為《ため》に出家《しゅっけ》をせられるであろう」というような予言《よげん》をしたものですから、王様は王子が出家をしないように悪いものは一切《いっさい》見せないようにして室内《しつない》を美しく飾《かざ》り、美しいものばかりを見せ、妙《たえ》なる音楽《おんがく》ばかりを聴《き》かせ、美味《おい》しいものばかりを食べさせて、この世界は美しいばかりの世界、楽しいばかりの世界であるとのみ思わせるように準備《じゅんび》してあったのであります。そこで、釈迦《しゃか》――その頃《ころ》は悉多太子《しったたいし》といったのですが――太子《たいし》が庭園《ていえん》でも御散歩《ごさんぽ》になる時《とき》はちゃんと警衛《けいえい》がついて、御散歩《ごさんぽ》になる前《まえ》には庭園を隈《くま》なく綺麗《きれい》に掃除《そうじ》してしまって、太子《たいし》の歩行《ぶぎょう》であるというので、何人《なんぴと》も見苦《みぐる》しい人民《じんみん》は入《はい》らせないと厳 重《げんじゅう》な警戒裡《けいかいり》に庭園を散歩せられたのであります。

人相観　人相を見てその人の運命や吉凶などを判断すること。また、それを職業とする人。観相

相　吉凶などの表れた顔かたち

転輪聖王　古代インドの伝説上の理想的帝王。天から得た輪宝(神聖な車輪)を回すことによって武力を用いずに敵対する者を降伏させるとされる

警衛　警戒して護衛すること。また、その役の人

警戒裡　警戒のうちに

そういうふうにしておられたのでありますけれども、天人《てんにん》が烏《からす》に化《ば》けて入《はい》って来たので致方《いたしかた》がありません。とうとう太子《たいし》は、こういう傷《いた》ましい殺し合いの食《く》い合《あ》いの悲惨《ひさん》な世界《せかい》があるのだということにお気がお着《つ》きになったのであります。それ以来太子《いらいたいし》は何《なん》だか少《すこ》しく憂鬱《ゆううつ》な御様子《ごようす》をしておられるのであります。

そこで父王《ふおう》は心配《しんぱい》せられまして、もっと太子《たいし》を楽しませなければ家出《いえで》してしまうかも知れないというので、更《さら》に一層《いっそう》美しく室内《しつない》を装飾《そうしょく》し、美しい婦《ふ》人《じん》に美しい衣裳《いしょう》を着せ、舞踊《ぶよう》、管絃《かんげん》の楽しみ等到《とういた》らざるなき状態《じょうたい》で毎晩夜《まいばんや》会《かい》を催《もよお》して大饗宴《だいきょうえん》を開《ひら》くという有様《ありさま》でありました。けれども、太子《たいし》はあまりお喜《よろこ》びにならないのであります。そして又《また》「庭園《ていえん》を散歩《さんぽ》したい」と仰《おお》せられたのであります。そこに自分《じぶん》の知らない別《べつ》の世界がある。その別の世界の秘密《ひみつ》を知りたいという気がなさいましたのでありましょう。

そこで、今度《こんど》も太子《たいし》に見せたらいかんというので厳重《げんじゅう》に警戒《けいかい》して、随行《つきそい》

管絃　楽器を演奏すること
到らざるなし　思い到らないことのない
夜会　夜に開かれる社交のための宴会
饗宴　酒や料理などを出して客をもてなすこと

の人《ひと》たちと警戒《けいかい》の官吏《かんり》のほかには誰《たれ》も這入《はい》れないようにしてあったのですが、今度《こんど》も天人《てんにん》が化《ば》けてその庭内《ていない》にひょっこりと現《あらわ》れたのであります。今度は烏《からす》ではなく老人《ろうじん》の姿《すがた》に化けて太子《たいし》の前《まえ》に現《あらわ》れました。痩《や》せさらぼうて骨《ほね》に皮《かわ》を着せたような傷々《いたいた》しい姿で顔《かお》はと見ると渋紙《しぶがみ》に皺《しわ》のよったような醜《みにく》い顔をし、老人にありがちな変《へん》に畸形《きけい》に腰《こし》が曲《まが》って辛《かろ》うじて杖《つえ》をついて歩いている。そういう傷《いた》ましい老人の姿がひょっこりと太子《たいし》の眼《め》の前に現《あらわ》れたのであります。そんな者《もの》は厳重《げんじゅう》に警戒して入《い》れないようにしてあったのですが、天人ですから空中《くうちゅう》から降《お》りて来《き》たのです。太子《たいし》は生《うま》れてから今《いま》まで美しい元気《げんき》な人間《にんげん》ばかりを見ているので、それが人間の老人というものだということが判《わか》りません。「あれは一体何《いったいなん》というものじゃ？」と言って家来《けらい》にお訊《き》きになったのであります。すると家来は、「あれは老人というものでございます。」「老人というものはどこに住んでいる生物《いきもの》じゃ、醜《みにく》い恰好《かっこう》をしているものじゃな。」「老人というのは動物《どうぶつ》ではありませぬ。人間というものは年《とし》が寄《よ》

官吏　役人

渋紙　和紙を張り合わせて柿の渋を塗った丈夫な紙

畸形　一般の体つきとは違った姿

ったらみんなああいうふうになるものでございます。」「すべての人間《にんげん》はあんなに醜《みにく》くなるのか。」「さようでございます。すべての人間は生きている年数《ねんすう》が経《た》てば老人《ろうじん》になるのでございます。」

家来《けらい》のこの答《こたえ》を聞いて釈迦《しゃか》はびっくりなすったのであります。すべての人間は年が経《た》てば皆《みん》なあんなになるのであるか、それはあまりにも悲惨《ひさん》なものであると、お感《かん》じになったのであります。何《なん》とかああいうふうに皮膚《ひふ》が皺《しわ》まないで、腰《こし》が曲《まが》らないで、いつも若々《わかわか》しく逞《たくま》しく美しくしている道《みち》はないものであろうかと、お考えになったのであります。すべての人間は皆《みんな》あんなになるというのは真《まこと》にも恐《おそ》ろしいことである。それを避《さ》ける道はないものだろうか。これが太子《たいし》の当面《とうめん》の課題《かだい》となったのです。そうして太子《たいし》は益々憂鬱《ますますゆううつ》に沈《しず》んで行《ゆ》かれたのであります。

そこで又宮 中《またきゅうちゅう》では大騒動《おおそうどう》であります。太子《たいし》の憂鬱 症《ゆううつしょう》が続けば人相観《にんそうみ》のいったとおり、終《しま》いに家《いえ》をとび出すかも知れないからというので、何《なん》とかして太子《たいし》を喜《よろこ》ばせなければならないと、益々国中《ますますくにじゅう》で選《え》りすぐった美しい婦人《ふじん》を太子《たいし》の部屋《へや》に集め、美味《おい》しい御馳走《ごちそう》を並《なら》べ、ダンスをし、琴《こと》を弾《だん》じ、有《あ》りと有《あら》ゆるこの世《よ》の歓楽《たのしみ》を見せるのでありましたけれども、太子《たいし》はお喜びにならないのであります。その美しい人間《にんげん》を見るにつけても、その美しい人間もやがてはいつか庭園《ていえん》で見た老人《ろうじん》のように年寄《としよ》って醜《みにく》い姿《すがた》になってしまうのであると思い出されて、太子《たいし》の悲しみは弥増《いやま》すばかりです。何《なん》とかして人間を年寄らせない道《みち》はないものだろうかと考えると悲しくもなり憂鬱《ゆううつ》にもなられるばかりでありました。王様《おうさま》は心配《しんぱい》して太子《たいし》を何《なん》とか慰《なぐさ》めたいと思われるのでしたが、太子《たいし》は又《また》しても戸外《こがい》へ散歩《さんぽ》に行《ゆ》きたいと被仰《おっしゃ》るのであります。

やがて太子《たいし》は厳重《げんじゅう》な警戒《けいかい》の裡《うち》に塵《ちり》ひとつなく掃《は》き浄《きよ》められた庭園に散歩に出られましたが、極《きわ》めて警戒しておったのにもかかわらず、いつの間《ま》に来たか、皮膚《ひふ》爛《ただ》れ憔悴《しょうすい》し切った癩病患者《らいびょうかんじゃ》のような者《もの》が眼《め》の前《まえ》に倒《たお》れている姿にぶっ衝《つ》かったのであります。それは今《いま》まで見たことのない生《い》き物《もの》の姿であ

弥増す　ますます激しくなる。一段と募る

憔悴　病気や心配事のためにやせ衰えること

癩病　ハンセン病の旧称。一八七三年、ノルウェーの医学者ハンセンが発見した慢性の感染症。主に末梢神経と皮膚が冒される

りました。半分腐《はんぶんくさ》ったような肉体《にくたい》からは膿血《のうけつ》が噴出《ふきだ》しているのです。それを見て太子《たいし》は「あれは一体何《いったいなん》というものじゃ。」「あれは病人《びょうにん》というものでございます。」「病人というものは一体どこに住んでいるものだ。」「人間《にんげん》というものは、いつかは病人になるものでございます。」こう随従《おつき》の家来《けらい》が申上《もうしあ》げますと、今《いま》まで美しい逞《たくま》しい健康《けんこう》な人間ばかりを見て来られた太子《たいし》には人間がただ老人《ろうじん》になるばかりではなく、病気《びょうき》という醜《みにく》いものになるのだと知ることは、悲しい悲しい極《きわ》みでありました。「人間は病気になった後《のち》にはどうなるのだ」と、又太子《またたいし》がお尋《たず》ねになりますと、「太子様《たいしさま》、人間は誰《たれ》でも病気になった挙句《あげく》の果《はて》には死んでしまうのでございます」と扈従《おつき》の者《もの》がお答え申上《もうしあ》げました。

「誰《たれ》でも……」と言う言葉が太子の心を打ちました。誰《たれ》でも人間というものは年を取り、病気になり、死んでしまう。そうして生きている間《あいだ》は、食い合いの世界《せかい》、噛《か》み合《あ》いの世界、争い合いの世界である、そんな世界に人間は何《なん》

膿血　うみの混ざった血

挙句の果　最後の最後には。とうとう

のために生《うま》れて来たのだろうか。人間《にんげん》の肉体《にくたい》がこんなに美しく見えておっても、実《じつ》はその美しく見えているのは虚《うそ》であって、美しい姿《すがた》の奥《おく》には殺し合いが行《おこな》われている、互《たがい》に殺し合って奪《うば》いとった相手《あいて》の肉を、血を、養分《ようぶん》を、自《じ》分《ぶん》の皮膚《ひふ》の表面《ひょうめん》に列《なら》べて美しい美貌《びぼう》の人間だというふうに見ているのだ。人間が美しく見えるのはただ仮相《かそう》がそう見えるだけであって、これが人《ひと》であり、人の世界《せかい》である、実《じつ》に浅間《あさま》しい限《かぎ》りである。そうしてやっと辛《かろ》うじて生き続けて来たかと思うと、年が寄《よ》って変《へん》な恰好《かっこう》に皮膚《ひふ》は皺《しわ》み、腰《こし》は曲《まが》り、見《み》苦《ぐる》しく病《や》み窶《やつ》れて死んでしまうのだ。こんな世界に生きておっても仕方《しかた》がない。何《なん》とかしてこの世界から逃《のが》れて、もっと生《い》き通《とお》しの、年寄《としよ》らない、争いのない、殺し合いのない世界というものは無《な》いものだろうか。こうお考えになるたびに太子《たいし》の心は益々憂鬱《ますますゆううつ》におなりになるのでありました。

仮相　仮に現れている姿

二、釈迦《しゃか》いよいよ出家《しゅっけ》す

父王《ふおう》は益々《ますます》心配《しんぱい》なさって、更《さら》に優《すぐ》れたる美しい姫《ひめ》たちを太子《たいし》の周囲《しゅうい》に取巻《とりま》かせて、太子《たいし》の心を慰《なぐさ》めようとなさるのでしたが、太子《たいし》にはその美しさがただの美しさとしては感《かん》じられない、その美しさの奥《おく》にある悲惨《ひさん》と醜《みにく》い争闘《そうとう》と痛《いた》ましい悲劇《ひげき》とが見えるようだったのであります。ところがとうとう出家の時期《じき》が参《まい》りました。天人《てんにん》の神通力《じんずうりき》によって今迄《いままで》舞楽《ぶがく》を奏《そう》していた美しい妓女《ぎじょ》たちが突然《とつぜん》不思議《ふしぎ》に睡魔《すいま》に襲《おそ》われて、もう麻酔剤《ますいざい》を嗅《か》がされたように昏々《こんこん》と眠《ねむ》ってしまったのです。何《なん》というその眠《ねむ》り姿《すがた》のだらしなさ！　美しいと見えていた顔《かお》の皮膚《ひふ》には何《なん》の締《しま》りもなくなって、口は痴呆《ちほう》のように半《なか》ば開《ひら》き、その開いた口からは見苦《みぐる》しく涎《よだれ》がだらだら流れているのです。「これが人間《にんげん》の本当《ほんとう》の姿なのである。美しいと見えたのは虚《うそ》の姿であったのだ。あの皮膚の

頭注版㊴三四頁

妓女　歌舞や音曲などで酒宴に興を添える女性

痴呆　老化や疾患によって、知的能力が低下した状態

下には真赤《まっか》に血の滲《にじ》んだ厭《いや》らしい筋肉《きんにく》が、その筋肉の下には、内臓《ないぞう》が、内臓の中《なか》には見るも醜《みにく》い糞雑穢《ふんぞうえ》が充《み》ち満《み》ちている。……」

釈迦《しゃか》は遂《つい》に決心《けっしん》されました。そして全《すべ》ての護衛《ごえい》の人《ひと》たちが眠《ねむ》っているのを幸《さいわ》い家《いえ》出《で》されたのであります。そうして最初《さいしょ》は婆羅門教《ばらもんきょう》の行者《ぎょうじゃ》たちに道《みち》を求め、阿羅々《あらら》、伽羅々《からら》の仙人《せんにん》たちについて色々《いろいろ》の難行苦行《なんぎょうくぎょう》をして生老病死《しょうろうびょうし》の四苦《しく》から出離《しゅつり》の道を求められたのであります。今迄人間《いまでにんげん》は色々の生き物《もの》を殺して食べて来た、人を苦しめ、他《た》の生き物を苦しめて生きて来たのだから、その償《つぐな》いには自分《じぶん》が苦しまなければ自分の業苦《ごうく》は浄《きよ》まる道はないとは、誰《たれ》しも一応《いちおう》は心のうちに自然《しぜん》に催《もよお》して来る気持《きもち》であったでしょう。しかしどの仙人も本当《ほんとう》に魂《たましい》の浄《きよ》まる道を釈迦《しゃか》に教《おし》えることが出来《でき》なかった。そこで仙人に礼《れい》を言ってそこを立去《たちさ》り、ウルビルワーの苦行林《くぎょうりん》に入《い》って六年間飯《ねんかんめし》も食《く》わないで、全然《ぜんぜん》食わないという事《こと》はないでしょうが、能《あた》う限《かぎ》りほんの少量《しょうりょう》の食《しょく》を摂《と》って辛《かろ》うじて餓《うえ》を凌《しの》いで、成《な》るべく生《い》き物《もの》を殺さない、成《な》る

糞雑穢　さまざまな汚いもの。便や病・死・出産・月経などのけがれ

婆羅門教　仏教以前の、古代インドで広まっていた民俗宗教

行者　宗教上の修行者

阿羅々、伽羅々の仙人　釈迦時代のインドの宗教家。「仙人」は山中に住み、不老不死の術を究めて神通力を持つとされる人

出離の道　迷いの世界から出て離れる道。仏道

業苦　前世で犯した悪業によって現世で受ける苦しみ。また、現世での悪業によって死後に受ける苦しみ

ウルビルワーの苦行林　修行者達が集まって苦行をした地。出家した釈迦が仙人と別れた後に六年間苦行を続けた

べく他《た》の物《もの》を奪《うば》わない、出来《でき》るだけ誰《たれ》の迷惑《めいわく》にもならないような生《い》き方《かた》をして、最《もっと》も他《た》から奪うこと少《すくな》くして生きられる方法《ほうほう》を考えられたのであります。しかしやっぱり奪うほかに人間《にんげん》の生きる道《みち》はない、野菜《やさい》を食べても野菜を殺すのだから可哀想《かわいそう》である、しかし何物《なにもの》をも食べなかったら自分《じぶん》を殺してしまう事《こと》になる、自分もまた生《い》き物《もの》であるから、それもまた殺生《せっしょう》の罪《つみ》を犯《おか》すことになる、死ぬに死ねず、生きるに生きられない苦しみ——釈迦《しゃか》は餓《う》えながら苦しみながら辛《かろ》うじて少しずつ食《しょく》を摂《と》って生きていられたようであります。こうして釈迦《しゃか》は痩《や》せさらぼうて、実《じつ》に悲惨《みじめ》な状態《じょうたい》になったけれども、ついに尚解決《なおかいけつ》の道を見出《みいだ》さぬ、二進《にっち》も三進《さっち》も行《ゆ》かない苦しみで六年間《ねんかん》苦《く》行《ぎょう》された揚句《あげく》の果《はて》に、とうとう悟《さと》りの道を発見《はっけん》し得《え》ず、「苦行も悟りの因《たね》にあらず」と気がお着《つ》きになって苦行林《くぎょうりん》を出て麓《ふもと》まで下《お》りて来ると、そこに小さい尼連禅河《にれんぜんが》という河《かわ》がある。その河の中《なか》へお降《お》りになって、今迄《いままで》六年間《ねんかん》身体《からだ》を洗った事がない、その身体《からだ》の垢《あか》をすっかりお洗《あら》い落《おと》しになったのであ

殺生　生き物を殺すこと

二進も三進も行かない　そろばんで二でも三でも割り切れずにやり繰りがつかないことから、行き詰まって身動きがとれないさま

揚句の果て　最終的な結果や結末。とどのつまり

尼連禅河　インドのビハール州を流れるガンジス川の支流バルグ川の古称。釈迦が苦行を捨てて沐浴したとされる河

ります。

「出山《しゅっせん》の釈迦像《しゃかぞう》」というのがお寺などに有る事《あること》がありますが、実《じっ》に痩《や》せさらぼうた、悲惨《ひさん》な苦行《くぎょう》そのもののような表情《ひょうじょう》をした釈迦《しゃか》の姿《すがた》であります。ああいう姿で山を出て尼連禅河《にれんぜんが》で水をお浴《あ》びになったのが十二月八日《がつようか》の暁《あ》け方《がた》だったのであります。そこへ一人《ひとり》の婆羅門《ばらもん》の娘《むすめ》が牛乳《ぎゅうにゅう》で煮《に》たお粥《かゆ》を一杯《ぱい》供養《くよう》して下《くだ》さったのであります。釈迦《しゃか》は今迄《いままで》はそういうものを食べるのは罪《ざい》悪《あく》であるような気がしていた。やはり穀物《こくもつ》も生きているのだ、それを食べることは穀物の生命《せいめい》を奪《うば》うことである、牛乳は牛の赤《あか》ん坊《ぼう》の飲むものである、それを飲むことは牛から人間《にんげん》が奪う掠奪《りゃくだつ》である。人間が生きている生活《せいかつ》は殺生《せっしょう》と掠奪《りゃくだつ》との上に成立《なりた》っていると思って悲惨な気持《きもち》で悩《なや》んでおられたのであります。ところがその時《とき》どういうものか釈迦《しゃか》はその捧《ささ》げられた牛乳の粥《かゆ》を心の苦しみなしに、悲惨な感《かん》じなしに「ああ有難《ありがた》い！」とお喫《あが》りになられたのであります。

供養　仏教語。飲食や衣服や祈り等を捧げること

掠奪　奪い取ること

三、転身《てんしん》

釈迦《しゃか》の心が突然変《とつぜんかわ》った。釈迦《しゃか》は別《べつ》の世界《せかい》の風光《ふうこう》を御覧《ごらん》になったのであります。釈迦《しゃか》がその時何《ときなに》をお喫《あが》りになったかというと、物質的外観《ぶっしつてきがいかん》からいえば牛乳《ぎゅうにゅう》のお粥《かゆ》をお喫《あが》りになったのですけれども、釈迦《しゃか》はその時に、その物質《ぶっしつ》を見ずして、その牛乳の中《なか》にあるところのその牛乳を捧《ささ》げた「乙女《おとめ》の愛」というものをお喫《あが》りになったのであります。今迄事物《いままでじぶつ》の物質的外観をのみ見ておった時代《じだい》には、すべては殺生又《せっしょうまた》は掠奪《りゃくだつ》して得《え》たものばかりに見えておったのです。ところが今《いま》、釈迦《しゃか》の前《まえ》には殺生《せっしょう》もなければ、掠奪《りゃくだつ》もない、あの婆羅門《ばらもん》の乙女《おとめ》は私を生かそうとして、私自身《わたしじしん》は何《なに》もくれと言って求めもしないのに、それにお乳《ちち》を下《くだ》さった、自分《じぶん》で求めもしないのに、自分で穀物《こくもつ》を作りもしないのに、自分で牛乳を作りもしないのに、ああそれなのに、私を生か

頭注版㊴三七頁

風光　美しい景色

さずにはおかないという天地《てんち》の恵《めぐ》みの大愛《たいあい》が廻《まわ》り巡《めぐ》ってここにこの牛乳《ぎゅうにゅう》の粥《かゆ》として出現《しゅつげん》した。ああ有難《ありがた》い！　という気持《きもち》がして来たのであります。殺し合いの世界《せかい》と見えたこの世界は、悟《さと》って見れば万物《ばんぶつ》ただ生かし合いの世界だったのであります。

頭注版㊴三八頁

四、万物《ばんぶつ》ただ生かし合い

釈迦《しゃか》の飲んだその牛乳は、その牛の親《おや》が牛の仔《こ》に飲ませようと思って、お乳《ちち》を拵《こしら》えたのでありましょうけれども、牛の乳《ちち》は牛の仔《こ》が飲んでもまだ余《あま》る程《ほど》たくさん出るのであります。これは事実《じじつ》なのであります。牛は牛飼《うしかい》から乳《ちち》を奪《うば》われているように見えるかも知れぬけれども、牛飼《うしかい》の愛撫《あいぶ》を無限《むげん》に懐《なつ》かしく思い、力強《ちからづよ》く思い、仔牛《こうし》が飲んで余《あま》る以上《いじょう》にたくさんお乳《ちち》を出す。そこにはやはり「人間《にんげん》を生かさずにおかない」という神様《かみさま》の恵みが現《あらわ》れている

愛撫　可愛がってやさしくなでること

のであります。釈迦《しゃか》はそれに気が着《つ》いたのです。牛は何《なに》を食《く》って生きているか、草を食って生きている。釈迦《しゃか》は当《あた》り前《まえ》のことが、当《あた》り前《まえ》に有難《ありがた》くなったのであります。今迄《いままで》、牛は草という生き物《もの》を取って食っているんだから、あれはどうも悲惨《ひさん》な殺し合い食い合いの世界《せかい》である、その食い合い奪《うば》い合《あ》いの産物《さんぶつ》であるお乳《ちち》を飲む事《こと》もまた食い合い殺し合いの横取《よこど》りをする事だと思っていたのです。ところが同じ世界の風光《ありさま》なのでありますが、心が変《かわ》ってしまったら観《み》える姿《すがた》が変《かわ》ってしまったのであります。

「あの野原《のはら》に生《お》い茂《しげ》っているところの草は、吾々《われわれ》を生かそうとしてそこに生《は》え出《で》ているんだ。牛を生かし、羊《ひつじ》を生かし、仔牛《こうし》を生かし、仔羊《こひつじ》を生かし、更《さら》にまた人間《にんげん》をも生かさずにおかない神の恵《めぐ》み、天地《てんち》の恵みが廻向《えこう》してそこに雑草《ざっそう》として萌出《もえで》ているのだ」という事が釈迦《しゃか》に分《わか》ったのであります。「決《けっ》してこれは殺し合いの世界ではない、生かし合いの世界である」と釈迦《しゃか》には見えて来たのであります。それを私は理窟《りくつ》で申《もう》すのではありません。理窟《りくつ》は

廻向　善の功徳を他者のためにまわし向けること

どちらにもつけられるのですが、心持《こころもち》が変《かわ》ったのであります。調和《ちょうわ》が感《かん》じられて来たのであります。今迄《いままで》、釈迦《しゃか》には草と牛とは争っているとこういうふうに思われておったのですが、そうではない、互《たがい》に生かし合っているのだと判《わか》ったのです。牛が草を食べて排便《はいべん》をしてくれると、その排便が又《また》肥料《ひりょう》として草を生かしてくれるという唯当《ただあた》り前《まえ》のことが判《わか》ったのであります。牛が呼吸作用《こきゅうさよう》で炭酸《たんさん》ガスを呼出《こしゅつ》すると草が同化作用《どうかさよう》で炭酸ガス用《よう》の炭素《たんそ》を吸収《きゅうしゅう》して酸素《さんそ》に還元《かんげん》して牛にもどしてくれる。そういう生物学的《せいぶつがくてき》なことは釈迦《しゃか》にはまだ判《わか》らなかったでしょうが、直感的《ちょっかんてき》に互《たがい》に生かし合っているんだということが判《わか》ったのであります。草というものは牛に食べられたら痛《いた》いかというと決《けっ》して痛いのではありません。又人間《またにんげん》が野菜《やさい》を食べると野菜が痛がりは致《いた》しません。歩くに足のない野菜は人間が食べてくれる事《こと》によって地球上《ちきゅうじょう》の到《いた》る処《ところ》に自己《じこ》の住む領域《りょういき》を拡《ひろ》げて行《ゆ》くことが出来《でき》るのであります。樹木《じゅもく》に美しい美味《おい》しい果《み》がなるのは、あれは動物《どうぶつ》に食べて欲《ほ》しい為《ため》に、わざわざ

呼出　息をはくこと
同化作用　摂取した栄養分を自分の身体を構成する成分に変える作用
還元　元の状態に戻すこと
直感的　説明や証明などによらず直接感覚的にぴんと分かること

熟《じゅく》して美味《おい》しくなった時分《じぶん》には殊更《ことさら》に眼《め》につくように、赤い鮮《あざや》かな色になったり、黄色《きいろ》な美しい果実《かじつ》になったり、色々《いろいろ》の装《よそお》いをして、「こんなに私は美味《おい》しいのですから、どうぞ私を採《と》って食べて下《くだ》さい」と言うように、自分《じぶん》自身《じしん》を故意《こい》に動物《どうぶつ》の眼《め》に付《つ》きやすい色に飾《かざ》るのです。ところがまだ食べてもらったら、種子《しゅし》を残そうにも種子が成育《せいいく》していないという時分《じぶん》には、苦《にが》かったり、渋《しぶ》かったりして、イガで包《つつ》んだりして、その色も木《き》の葉《は》と同じ色をして見つからないように隠《かく》していますが、食べて欲《ほ》しい時《とき》にはちゃんと美しい色をして見えるようする、それを動物が食べてやらなかったら植物《しょくぶつ》は却《かえ》って迷惑《めいわく》するのであります。そんな時には仕方《しかた》がないから自分《じぶん》で腐《くさ》って果実が落下《らっか》し、種子が露出《ろしゅつ》してその樹《き》の根本《ねもと》にいくらでも種子が重《かさな》って、その種子が生《は》えても育《そだ》ち得《え》ない位《くらい》に密生《みっせい》し、親樹《おやき》の下《もと》にあって日光《にっこう》も夜露《よつゆ》もあまり受けず、健全《けんぜん》に成長《せいちょう》することが出来《でき》ないのです。動物が熟した果物《くだもの》を食べてやってこそその種《たね》が一ヵ所《しょ》ばかりに溜《たま》らないで万遍《まんべん》なく地上《ちじょう》へ拡《ひろ》がって行《ゆ》く事《こと》が出来《でき》るのであります。柿《かき》なら柿が自然《しぜん》と熟《じゅく》して腐《くさ》って種《たね》が同じ所《ところ》にばかり落ちたら、その柿の樹《き》は繁殖《はんしょく》しようと思っても繁殖するわけにはいかないでありましょう。そこで樹木《じゅもく》は足がないものですから、樹木のために足の代《かわ》りに動物《どうぶつ》がなってくれて種子《しゅし》を搬《はこ》んでくれる。その代《かわ》りに種子の一部分《ぶぶん》、種子の周囲《しゅうい》にある果肉《かにく》を食べて頂《いただ》いて、動物も生き、植物《しょくぶつ》も生きるのであります。こう判《わか》って見れば今迄《いままで》食《く》い合《あ》いの、殺し合いの世界《せかい》だと思っておったのが逆様《さかさま》になって、互《たがい》にお乳《ちち》の飲ませ合いの世界であり、互《たがい》に負《お》んぶして搬《はこ》び合《あ》いの世界であり、互《たがい》に足らざるを補《おぎな》い合《あ》って生かし合っている世界だという事が判《わか》るのであります。悟《さと》って見れば、天地間《てんちかん》のもの悉《ことごと》くが生かし合いならざるものはない、実《じつ》に有難《ありがた》い世界だったのであります。凡《すべ》てのもの一《ひと》つ一つに仏《ほとけ》の命《いのち》が現《あらわ》れている、仏《ほとけ》の慈悲《じひ》が現《あらわ》れている、神のいのちが現《あらわ》れている、神の愛があらわれていることが悟《さと》れるのです。神の生命《いのち》が現《あらわ》れ、仏《ほとけ》のいのちが現《あらわ》れているからこそ凡《すべ》てのものが互《たがい》に愛し合い生かし合っているのです。今迄《いままで》殺し合いだと思っていた世界《せかい》は神の、仏《ほとけ》の、無限《むげん》の生命《いのち》、愛、智慧《ちえ》に満《み》たされているところの立派《りっぱ》な世界だったのです。互《たがい》に憎《にく》み合《あ》い争い合っていると見えた生命も、その敵と見えたものは、自分にとっては自分をみがく砥石《といし》であって吾々《われわれ》の生命《いのち》が段々砥石《だんだんといし》にかけられて、一層立派《いっそうりっぱ》な霊性《れいせい》が啓《ひら》かれて行《ゆ》く為《ため》に仕組《しく》まれている仏《ほとけ》の慈愛《じあい》、神の愛の顕《あらわ》れだったのです。天地間《てんちかん》、ありとし凡《あら》ゆるもの、生きとし生けるもの、みんなこうして愛し合っている者《もの》は勿論《もちろん》、憎《にく》み合《あ》っているかの如《ごと》く見えている者同志《ものどうし》さえも生かし合っている世界なのです。みんな愛し合いの世界なのです。みんな解《と》け合《あ》いの世界なのです。そういう事《こと》が釈迦《しゃか》に解《わか》って来たのであります。そうすると、形《かたち》は同一《どういつ》であっても釈迦《しゃか》の前《まえ》にある世界がすっかり変貌《へんぼう》してしまったのでありそこで釈迦《しゃか》は、十二月八日《がつようか》の暁《あかつき》の明星《みょうじょう》を見ながら、「有情非情同時成道《うじょうひじょうどうじじょうどう》、山川草木国土悉皆成仏《さんせんそうもくこくどしっかいじょうぶつ》」と悟《さと》られたのであります。即《すなわ》ち「有情《うじょう》」――生きとし生けるもの、「非情《ひじょう》」――有《あ》りとし有らゆるもの、悉《ことごと》く今仏《いまほとけ》に

霊性　霊なるものとしての性質

暁の明星　明け方に東の空に輝く金星。明けの明星

成《な》っている。山も川も草も木も悉《ことごと》く仏《ほとけ》の相《すがた》である。皆《みん》な生かし合い、拝《おが》み合《あ》いの相《すがた》である、今迄《いままで》地獄《じごく》の相《すがた》だと思っておったのは間違《まちがい》だったとお悟《さと》りになったのであります。これが釈迦《しゃか》のお悟りになった縦《たて》の真理《しんり》であります。

五、心が変《かわ》れば世界《せかい》が変《かわ》る

頭注版㊴四二頁

人生観《じんせいかん》が変《かわ》れば一切《いっさい》が変《かわ》るのです。誰《たれ》も殺されるものはない、みんな生かし合いのいのちであります。尤《もっと》も草でも一時《いちじ》刈《か》ったり、牛にでも食われたり致《いた》しますと、表面《ひょうめん》は一時無《な》くなるけれども、それが適当《てきとう》に行《おこな》われる事《こと》によって次にその草は一層《いっそう》大きく生《の》びてくるのであります。人《ひと》に食べられない野菜《やさい》は段々貧弱《だんだんひんじゃく》になって雑草《ざっそう》と区別出来《くべつでき》ない貧弱なものになって行《ゆ》きますが、人に食べられる野菜はその種族《しゅぞく》が保護《ほご》されて毎年《まいねん》一層立派《りっぱ》なものになる。稲《いね》でも毎年刈《まいねんか》る人があるので稲の品種改良《ひんしゅかいりょう》が出来《でき》、当《あた》り前《まえ》ならもっと

種族　動物や植物で同じ部類に属するもの

貧弱《ひんじゃく》なものしか出来《でき》ないのが、お蔭《かげ》で立派《りっぱ》な稲《いね》にまで進化《しんか》することが出来るのです。樹木《じゅもく》でも毎年剪定《まいねんせんてい》といって枝葉《しよう》を適当《てきとう》に切らなければ好《よ》い具合《ぐあい》に元気《げんき》よく育つことは出来ない。樹木はこれを切ってくれる人《ひと》があるので一層《いっそう》大きく元気に育って行《ゆ》くことが出来るのです。みんな生かし合いの世界《せかい》なのです。ですから人間《にんげん》が住宅《じゅうたく》のために樹木を切るとか、食事《しょくじ》のために野菜《やさい》を切るとかいうことを、やはり生《い》き物《もの》を殺すのは可哀想《かわいそう》だ、殺し合いの世界だなどと理窟《りくつ》を言う人がありますけれども、それは釈迦《しゃか》がまだ悟《さと》らなかった時《じ》代《だい》の考え方なのであります。具体的《ぐたいてき》に言えば、個体《こたい》はなく、民族《みんぞく》があり、国《こっ》家《か》がある――これは近頃《ちかごろ》ドイツで称《とな》えられる哲学《てつがく》ですが、これは生長《せいちょう》の家《いえ》の「本来肉体《ほんらいにくたい》なし」の哲学によって初《はじ》めてよく判《わか》るのであります。個体というものが本来ないということが判《わか》れば、一個《こ》の野菜も個体としては存在《そんざい》しないから、その個体が殺されて食べられるということもない。野菜は理念的存《りねんてきそん》在《ざい》であって、永遠不滅《えいえんふめつ》の野菜の理念が、常《つね》に殺されず滅《めっ》せず、却《かえ》って生かさ

個体　生存に必要十分な機能と構造を持つ、独立した一個の生物体

理念　物事がどうあるべきかという根本的な考え

れて明年《みょうねん》は一層《いっそう》大きな優秀《ゆうしゅう》な顕《あらわ》れ方《かた》をする——即《すなわ》ち一層大きく生かされることになるのであります。それと同じく樹木《じゅもく》は伐《き》られる事《こと》によって生長《せいちょう》する、それは無論無茶苦茶《むろんむちゃくちゃ》に伐《き》ったらいけませんけれども、神の智慧《ちえ》、仏《ほとけ》の智慧《ちえ》が顕《あらわ》れて来て、行《おこな》うところ矩《のり》を超《こ》えないようになり、ちょうど植木屋《うえきや》さんが適当《てきとう》に剪定《せんてい》してくれるような事になれば樹木は却《かえ》って生育《せいいく》するのであります。

樹木を害《がい》する害虫《がいちゅう》と称《しょう》せられるものがありますが、あれも害虫ではないのであります。例《たと》えば毛虫《けむし》は害虫だと称せられています。しかし毛虫が野菜や樹木に附《つ》いていましても、それは決《けっ》して害虫ではないのであります。毛虫は蝶《ちょう》の幼虫であります。蝶なるものは一体何《いったいなに》をしてくれるかというと、花粉《かふん》の交配《こうはい》を助けてくれるものであります。花を訪《おとず》れてその花粉を伝播《でんぱ》して草木《そうもく》の結婚《けっこん》の媒介《ばいかい》をして、草木《そうもく》を繁殖《はんしょく》させてくれる働《はたら》きをするのであります。そうすると毛虫なるものはそう毛虫の如《ごと》く嫌《きら》うべきものではないのでありま

矩を超えない　天の法則にそむかない。『論語』「為政」にある「七十にして心の欲する所に従って矩を踰えず」より

交配　受精または受粉させて次の世代を得る操作

伝播　伝えひろめること

媒介　なかだち

す。実《じつ》に愛すべきものであって、草木《そうもく》にとっては真《まこと》に恩人《おんじん》であります。毛虫《けむし》が無《な》ければ種属《しゅぞく》が絶滅《ぜつめつ》してしまう草木《そうもく》もたくさんあります。そうすると、毛虫は草木《そうもく》を害《がい》する害虫《がいちゅう》どころか、それを繁殖《はんしょく》させて下《くだ》さる益虫《えきちゅう》でありまます。例《たと》えばここに互《たが》いに何《なん》十町《ちょう》も距《へだ》ってたった一本ずつの菜種《なたね》の花があるとしますと、それは菜種《なたね》の花だけの力《ちから》では到底花粉《とうていかふん》の媒介《ばいかい》は出来《でき》ないのでありますす。その交配《こうはい》を可能《かのう》ならしめてくれるものは蝶《ちょう》であります。そうすると吾々《われわれ》は、また草木《そうもく》はその蝶に、またその蝶の幼虫《ようちゅう》であるところの毛虫に感謝《かんしゃ》しなければなりません。それに吾々《われわれ》は毛虫に感謝したことがありましょうか。毛虫を見附《みつ》けると、「この毛虫の野郎《やろう》がこんなところに喰《く》いついて怪《け》しからぬ」と思うのですけれども、毛虫が大事《だいじ》なところを食べてしまうのは感謝の心が吾々《われわれ》にない、吾々《われわれ》が毛虫のような利己主義《りこしゅぎ》な心を有《も》っている、それが反映《はんえい》しているのです。世《よ》の中《なか》に毛虫が一匹《ぴき》もいなくなったら、蝶《ちょう》が一匹もいなくなったのと同じであり、蝶が一匹もなくなったら植物《しょくぶつ》は今《いま》のよう

益虫　人間の生活に直接または間接に益をもたらす昆虫
何十町　一町は約一一〇メートル
菜種　あぶらな。菜の花

に栄えることは出来《でき》ないのです。唯吾々《ただわれわれ》が困《こま》るのは食べられてはならないところに毛虫《けむし》が喰《く》いついて、折角《せっかく》これから花を開《ひら》こうとする蕾《つぼみ》を食《く》ったり伸《の》びようとする新芽《しんめ》を食ったり、そこに不調和《ふちょうわ》が起《おこ》ってくるからです。そうすると毛虫が悪いのではない、また毛虫が食べるのが悪いのではない——従《したが》って本来害虫《ほんらいがいちゅう》ではない、ただ不調和な現象《げんしょう》が現《あらわ》れたのが悪いのであります。毛虫が草木《そうもく》の葉を食べてくれるのも、植木屋《うえきや》がちょうど剪定《せんてい》してくれるような部分《ぶぶん》をたべてくれて、そうして蝶《ちょう》になって花粉《かふん》を運搬《うんぱん》してくれるという世界《せかい》なら本当《ほんとう》の調和《ちょうわ》している世界であります。そういう調和した世界が本当にあるか。実際《じっさい》にはその本当に調和している世界があるのですけれども、それが争いの心、憎《にく》みの心、怒《いか》りの心で、表面《ひょうめん》に現《あらわ》れず、肉眼《にくがん》には見えないのであります。草木《そうもく》と毛虫とが互《たがい》に争っているように見えるのは、生物《せいぶつ》の心が迷《まよ》っていて、その「迷《まよい》の心」のレンズの屈折《くっせつ》の具合《ぐあい》によって、争っていないものが争っているが如《ごと》く、互《たがい》に蚕食《さんしょく》していないものが、写真《しゃしん》の二重映《じゅううつ》しの如《ごと》

蚕食　蚕が桑の葉を食べるように、片端から次第に奥深く他の領域を侵すこと

く互《たがい》に相手《あいて》を打消《うちけ》して見えるのであります。右の目と左の目との三角硝子《プリズム》のレンズでも作ってそれを眼鏡《めがね》にかけ皆《みな》さんの顔《かお》を見ますと、皆さんの頭《あたま》が互《たがい》に衝突《しょうとつ》しているように見えることもあります。しかし本当《ほんとう》の皆さんの頭は互《たがい》に衝突してはおりませぬ。それと同じく吾々《われわれ》が妄念《もうねん》のレンズをかけますと、その屈折によって争っているかの如《ごと》く顕《あらわ》れて見えるのであります。それは心が迷《まよ》っているからそういうふうに見えるのであります。人《ひと》の心が迷わないで本当に調和《ちょうわ》した状態《じょうたい》になれば、害虫《がいちゅう》というものは一匹《ぴき》もいなくなるのです。毛虫《けむし》はいるかも知れないけれども、それは不要《ふよう》な枯葉《かれは》や剪定《せんてい》しなければならぬ枯葉《かれは》や間引《まび》かねばならぬ一部《いちぶ》の新芽《しんめ》や不良苗《ふりょうなえ》を食ってくれるように顕《あらわ》れてくるのであります。黴菌《ばいきん》なんかを恐《おそ》れる人がありますけれども、黴菌の中《なか》には随分有用《ずいぶんゆうよう》な黴菌もあるのです。お味噌《みそ》とか、糠味噌《ぬかみそ》とか、カルピスとか、お酒とかはみんな黴菌の作用《さよう》によって作られるのであります。吾々《われわれ》の腸《ちょう》の中《なか》にはたくさんの黴菌が棲息《せいそく》しているのですが、その中《なか》には非常《ひじょう》に

プリズム　切り口が三角形となるように作られた光学用の透明体。光の分散、方向転換等に使う

妄念　迷いの心

間引く　作物を十分に生育させるために一部を抜き取って間を透かすこと

棲息　動物や鳥などが暮らしていること

有用《ゆうよう》な黴菌《ばいきん》があって、吾々《われわれ》の腸内《ちょうない》の醱酵《はっこう》を助け、腸《ちょう》の蠕動《ぜんどう》を助けてくれるのです。吾々《われわれ》を害《がい》する悪い黴菌は腸内には自然《しぜん》に入《はい》らないようになっているのが当前《あたりまえ》なのであって、もし害する黴菌が体内《たいない》にいるとすれば、それは自《じ》分《ぶん》の「憎《にく》み」の念《ねん》の具象化《ぐしょうか》なのであります。如何《いか》に黴菌であろうとも、その生命《せいめい》は、一《ひと》つの大生命《だいせいめい》から生《う》み出《だ》されたものですから、一人《ひとり》の時計師《とけいし》から作られた各歯車《かくはぐるま》が互《たが》いに生かし合っていて嚙《か》み合《あ》っているように見えながら、実《じつ》は扶《たす》け合《あ》って時計の生命《せいめい》を完《まっと》うしているというようなのが生命《せいめい》の実相《ほんとうのすがた》なのであります。

蠕動　筋肉の収縮によるくびれが波のように徐々に伝播してゆく型の運動

具象化　形になってあらわれること

六、或《あ》る誌友《しゆう》の悟《さと》った実話《じつわ》

それについて面白《おもしろ》い話があります。丹波《たんば》のある町に、この人《ひと》は唯今生長《ただいませいちょう》の家誌友相愛会《いえしゆうそうあいかい》を開《ひら》いておられるのでありますが、ちょっと名前《なまえ》が思い出せ

頭注版㊴四七頁

丹波　京都府、兵庫県にまたがる旧国名

誌友相愛会　各地で誌友(月刊誌の定期購読者や広くは生長の家の信徒)が集まって研鑽する会

ませんが、その人《ひと》が、或《あ》る時《とき》この世《よ》の中《なか》が出家前《しゅっけまえ》の釈迦《しゃか》のように厭《いや》になったのであります。死のうと思って三度《ど》自殺《じさつ》したのでありますが、三度とも死ねなかったのであります。それから今度《こんど》こそ本当《ほんとう》に自殺してやろうと覚悟《かくご》しましたが自殺する前《まえ》に、折角《せっかく》自殺するんだから、一度《ど》だけ宝塚《たからづか》の歌劇《かげき》を観《み》ておいて山水明媚《さんすいめいび》の地で自殺してやろうと思って宝塚まで出て来たのであります。さて大分《だいぶ》歌劇を観《み》くたびれて劇場《げきじょう》を出て、売店《ばいてん》でバナナが食べたくなって買いましたら、売店の主人《しゅじん》がそれを新聞紙《しんぶんし》に包《つつ》んでくれたのです。食べながら新聞紙を披《ひら》いてみると、そこに『生命《せいめい》の實相《じっそう》』の公告《こうこく》が出ていたのです。「おや生命《せいめい》の実相《じっそう》！　生命《せいめい》の本当《ほんとう》の相《すがた》はどんなものか」死のうという人は生命《せいめい》という字が気になるらしいのですが、その人は死ぬ迄《まで》によく生命《せいめい》の本質《ほんしつ》を知っても死ぬに遅《おそ》くないと思われまして、一《ひと》つこの本を買って読もう、どこで売っているのかと思ってみると、その時分《じぶん》は支部《しぶ》の名前《なまえ》がずっと公告に列《なら》べて出ていた頃《ころ》でありました。見ると、神戸《こうべ》にも取次所《とりつぎしょ》がある。あ

宝塚の歌劇　宝塚少女歌劇。箕面有馬電気軌道の経営者小林一三が創設。兵庫県宝塚の温泉場に設けた遊園地に劇場を建てて大正三年に第一回公演を行った

山水明媚　自然の景色が美しいこと。風光明媚

の神戸《こうべ》は一度《ど》だけ往《い》った事《こと》があるが、死ぬまでにあの港《みなと》の町をもう一度見たい、そして神戸の取次所《とりつぎしょ》で『生命《せいめい》の實相《じっそう》』を買おうとお考えになったのであります。当時《とうじ》ありましたが神戸の大丸百貨店《だいまるひゃっかてん》の前《まえ》に最新《さいしん》の流行品《りゅうこうひん》を売っている三澤商店《みさわしょうてん》——そこが『生命《せいめい》の實相《じっそう》』の取次店《とりつぎてん》になっておったのであります。『生命《せいめい》の實相《じっそう》』を読んでから死んでやろうと思って、そうしてそこまでお出《い》でになって『生命《せいめい》の實相《じっそう》』を買って読んだのであります。そうして『生命《せいめい》の實相《じっそう》』を読んだときに、この人《ひと》は釈迦《しゃか》が悟《さと》りを開《ひら》いた時《とき》のように自分《じぶん》もまた心がクラリと一変《いっぺん》してしまったのであります。この世界《せかい》は悲惨《ひさん》充《み》ち満《み》ちたる殺し合いの世界であると思っておったら、殺し合いの世界ではなく、生かし合いの世界だとお悟りになったのです。表面《ひょうめん》だけは殺し合いのように見えることもあるけれども、本当《ほんとう》は生かし合いの世界なのだ、いのちの本質《ほんしつ》の中《なか》では、生かし合いだという事《こと》が分《わか》ったのであります。すなわちこの世界は「有情非情一切成仏《うじょうひじょういっさいじょうぶつ》」の有難《ありがた》い世界だと判《わか》ったので、その人はも

大丸百貨店　江戸三大呉服店の一つ「大丸屋」を前身とする、現在の大丸松坂屋百貨店。神戸には大正二年に出店した

三澤商店　本全集にたびたび登場する三澤兄弟商会。第十巻「聖霊篇」下巻第九章、第二十一巻「万教帰一篇」下巻第五章、第二十九巻「宗教問答篇」中巻第四章、第五十五巻「道場篇」下巻等参照

う死ぬ事《こと》を止《や》めて故郷《こきょう》へお帰りになって百姓《ひゃくしょう》の生活《せいかつ》を営《いとな》まれたのでありま
す。今迄《いままで》は百姓してもつまらなかったのですが、今度《こんど》は喜《よろこ》んで百姓をおやり
になった。ちょうど春の始めのことでありました。土を耕《たがや》そうと思って鍬《くわ》を
もってコンコンと土を上下《じょうげ》にひっくり返《かえ》しておられました。すると冬眠《とうみん》して
いた蛙《かえる》がぴょんぴょんと出てくるのであります。それが少しも傷《きず》つかない。
今迄《いままで》は春になって畑を耕すときには、いつも隠《かく》れている蛙《かえる》の大腿部《だいたいぶ》を鍬《くわ》でち
ょん切《ぎ》ったり、鋤《すき》で頭《あたま》をちょん切《ぎ》ったりして、蛙《かえる》に怪我《けが》をさせるのでありま
したが、その人《ひと》がこの世界《せかい》は「生かし合いの世界だ」と悟《さと》って以来《いらい》、少しも
蛙《かえる》たちが怪我《けが》をしないのだそうであります。「おや、鍬《くわ》が蛙《かえる》の頭にふれた」
と思って、見ると少しも怪我《けが》しないで、みんな、ぴょんぴょんと喜んで感謝《かんしゃ》
しながら跳《と》んで行《ゆ》くのです。成程《なるほど》、これは生かし合いの世界であった、今ま
で自分《じぶん》は農夫《のうふ》の鍬《くわ》と蛙《かえる》たちとは殺し合いの世界だと思っていたけれども、実《じつ》
の相《すがた》はそうではなかったのだ、今迄《いままで》自分の心が迷《まよい》に執《とら》われて三角硝子《プリズム》のよう

に曲折《きょくせつ》はげしい念《こころ》のレンズで覗《のぞ》いておったからこそ、鍬《くわ》の尖端《せんたん》と、蛙《かえる》の頭《あたま》とが衝突《しょうとつ》して切れたように見えたのだけれども、妄念《もうねん》のレンズを取外《とりはず》して素透《すどお》しの念《こころ》になって実相《じっそう》を見るようになった時《とき》この人《ひと》の周囲《しゅうい》に展開《てんかい》する世界《せかい》の相《すがた》が変《かわ》って来たのであります。「そうだ、百姓《ひゃくしょう》は今迄《いままで》『蛙切《かえるき》り』だと思っていたが、蛙生《かえるい》かしだったのだ」と気が着《つ》いたのです。吾々《われわれ》が実相を見る眼《め》を開《ひら》いて見るとき万物互《ばんぶつたがい》に生かし合いならざるはないのであります。蛙《かえる》は冬が来れば穴《あな》を掘《ほ》って冬眠《とうみん》するけれども、春が来てぽかぽかして来て暖《あたた》かくなると外へ出たくなるのですが、自分《じぶん》の体力《たいりょく》で外へ飛出《とびだ》すには冬中《ふゆじゅう》食物《しょくもつ》を食《く》わずに冬眠していたので腹《はら》も減《へ》っているし、余程《よほど》の努力《どりょく》を揮《ふる》い起《おこ》さなければ土の底《そこ》から地表《ちひょう》へ出ることが出来《でき》ない。それを百姓が上から掘《ほ》って土を除《のぞ》いてくれるのです。そうすると楽々《らくらく》と外へ出られる。蛙《かえる》の方《ほう》からは百姓が鍬《くわ》で掘ってくれるからこそ助かるという事《こと》になるのであります。このようにすべての生《い》き物《もの》は互《たがい》に生かし合っているのです。この生かし合いの世

曲折　折れ曲がること。曲がりくねること

界が、本当《ほんとう》の世界《せかい》であったという事《こと》がお分《わか》りになって、この方《かた》は唯今《ただいま》、誌友《しゆう》相愛会《そうあいかい》を開《ひら》いておられるのでありますが、そういうふうに万物《ばんぶつ》生かし合いの世界の本当の相《すがた》をお悟《さと》りになったのが釈迦《しゃか》の悟りの心境《しんきょう》であったのでしょう。悟ってみれば全《すべ》てのものは仏《ほとけ》の智慧《ちえ》に支配《しはい》され、全《すべ》てのものは仏《ほとけ》の愛に護《まも》られ、全《すべ》てのものは仏《ほとけ》のいのちに生かされている。山川草木獣虫魚介《さんせんそうもくじゅうちゅうぎょかい》悉《ことごと》く仏《ほとけ》の姿《すがた》である。皆《みん》な助け合い拝《おが》み合《あ》いの世界である。今迄《いままで》この世《よ》は地《じ》獄相《ごくそう》だと思っておったが、豈図《あにはか》らんや本当は極楽世界《ごくらくせかい》であったと判《わか》ったのであります。

地獄相　地獄のようなありさま

豈図らんや　どうしてそのようなことを予想しようか、いや予想できない

第三章　寂光《じゃっこう》を更《さら》に超《こ》えて

倉田《くらた》百三《ひゃくぞう》氏《し》より

貴兄《きけい》に手紙《てがみ》を書いたのですがどうも意《い》に満《み》たず、中止《ちゅうし》していました。というのは私は貴兄の徹底的《てっていてき》な唯心論《ゆいしんろん》、物質《ぶっしつ》は本来ないという説《せつ》に、非常《ひじょう》な

頭注版㊴五一頁
寂光　しずかな光。仏の真理である寂静と、その智慧の働きとしての光

頭注版㊴五一頁
倉田百三氏　明治二十四～昭和十八年。広島県生まれ。劇作家、評論家。肺結核を患いながら一燈園で信仰生活を送る。著書に『出家とその弟子』『愛と認識との出発』等がある。本全集第三十二巻「自伝篇」中巻参照
唯心論　世界を構成する根源を精神的なものに求める立場

共鳴《きょうめい》と興味《きょうみ》とを持ちながら、ぴったりそうなり切れない理論上《りろんじょう》の障礙《しょうがい》を持っています。したがって貴兄《きけい》の如《ごと》く、精神力《せいしんりょく》で肉体《にくたい》の病気《びょうき》が治《なお》るということを、勇敢《ゆうかん》に徹底的《てっていてき》には主張出来《しゅちょうでき》ません。しかし、私は認識論的《にんしきろんてき》に非常《ひじょう》に唯心論的傾向《ゆいしんろんてきけいこう》を持っており、科学的《かがくてき》にも現代《げんだい》の科学《かがく》が電子論上《でんしろんじょう》いちじるしく唯心的《ゆいしんてき》であることも知っており、これらは私には非常によろこばしい事《こと》なのです。殊《こと》にマルクス主義《しゅぎ》が「物質《ぶっしつ》は主語《しゅご》で精神《せいしん》は客語《かくご》である」と僭《せん》するに対《たい》して、貴兄のは対蹠的《たいしょてき》な、明快《めいかい》な、堂々《どうどう》たる宣言《せんげん》として実《じつ》に痛快《つうかい》な感《かん》を持つものです。体験《たいけん》より言うも私は病気を精神力、特《とく》に宗教的《しゅうきょうてき》な悟得《ごとく》と関連《かんれん》して治《なお》した顕著《けんちょ》な実例《じつれい》の証人《しょうにん》であります。しかしそれにもかかわらず、私は宇宙《うちゅう》の太源《たいげん》に帰一《きいつ》することが治病《ちびょう》、開運《かいうん》、幸福《こうふく》、繁栄《はんえい》を必《かなら》ず結果《けっか》するとは信じられないのです。宇宙の太源《たいげん》と帰一《きいつ》した生活《せいかつ》は確《たし》かに光明《こうみょう》の生活である。しかしその光明とは、暗《やみ》と対比《たいひ》した意味《いみ》の明るさではなく、光《ひかり》と暗《やみ》とを超《こ》えた寂光《じゃっこう》であり、だから必ずしも光明といわず、「聖暗《せいあん》」といった人《ひと》も

認識論 哲学で認識の起源や構造、限界などを考える部門

電子論 電子の性質や関与する物質の性質に関する理論

マルクス主義 マルクスとエンゲルスが確立した思想体系。科学的社会主義。これに基づきレーニンによってロシア革命が起こった

客語 動作や作用の受け手を表す語。目的語

僭する 分限を越えておごり高ぶる

対蹠的 二つの物事が正反対の関係にあるさま

悟得 悟りを開いて真理を自分のものとすること

ある。明るいとも暗いとも表現出来《ひょうげんでき》るような大寂光《だいじゃっこう》である。この世界《せかい》に病気《びょうき》、不幸《ふこう》、禍害《かがい》があるとき、それを大寂光裡《だいじゃっこうり》に包摂《ほうせつ》することは出来ても、その反対《はんたい》としての治癒《ちゆ》、幸福《こうふく》、祥益《しょうえき》であらねばならぬということはどうも導《みちび》き出《だ》せないように私には思えるのです。宇宙《うちゅう》は本来健康《ほんらいけんこう》、幸福、祥益的《しょうえきてき》であるかどうかは解《わか》らない、自分《じぶん》が病《や》む時《とき》それは宇宙が病むのだ、神が病むのだと感《かん》じることは出来るが、それが治《なお》るはずだということはどうして出て来るのでしょうか。

これは人間《にんげん》でなく、動物《どうぶつ》の病気の場合《ばあい》など殊《こと》にそういう疑《うたが》いが出て来る。動物は神と一致《いっち》して生きているはずだのに病むのはどうしたわけでしょう。又《また》人間の自然《しぜん》死というものと病死《びょうし》と区別《くべつ》出来るか。神に帰一《きいつ》して生きるということは出来るが、その神と帰一《きいつ》すれば必《かなら》ず病気が治《なお》るということは私には信じられない。治《なお》るも治《なお》らぬも神旨《みむね》次第《しだい》という信仰《しんこう》にならば私は立てます。その結果《けっか》私は病気が治《なお》ったのですが、それは治《なお》そう治《なお》そうと焦《あせ》っていた

禍害　災難。不幸
包摂　包み込むこと
祥益　幸運なごりやく

のを、神旨《みむね》ならば治《なお》らずともよしと委《まか》せた時治《ときなお》ったので、どうも貴兄《きけい》の積《せっ》極《きょく》的《てき》なクリスチャン・サイエンス的《てき》な治癒法《ちゆほう》とは異《ちが》うようなのです。

ところが私は『「みかぐらうた」を読む』の中《なか》にも詳《くわ》しく論理的《ろんりてき》に書いたように貴兄のような積極的治癒《せっきょくてきちゆ》、福祉《ふくし》、祥益《しょうえき》を否定《ひてい》するかと言えば、そうでなく、その可能性《かのうせい》はどうも肯定的《こうていてき》にならざるを得《え》ないのです。ただ私がその体験《たいけん》を持たないため、証人《あかしびと》となることが出来《でき》ず、他人《ひと》に勧《すす》めることが出来ないのです。

この場合《ばあい》には私は神は、汎神論的《はんしんろんてき》に考えても人間《にんげん》の心となって顕現《けんげん》してる以上《いじょう》は、精神的《せいしんてき》な側面《そくめん》がなくてはならず、どうしても人格的《じんかくてき》な側面がある。従《したが》って神意《しんい》は自然律《しぜんりつ》の必然《ひつぜん》となって現《あらわ》れるのみならず、自由律《じゆうりつ》となって現《あらわ》れ得《う》るはずである。神人《しんじん》の関係《かんけい》は自由《じゆう》な心と心との関係であり、従って奇蹟《きせき》(因果律《いんがりつ》を超《こ》えた事実《じじつ》)があらわれ得《う》るはずである。心が物《もの》を動かし得《う》るはずである。どうも神には目的的意志《もくてきてきいし》のあらわれがある。心臓《しんぞう》の弁膜《べんまく》を考えただ

クリスチャン・サイエンス　一八六六年にボストン市に設立されたキリスト教団体。創始者はメリー・ベーカー・エディ

『「みかぐらうた」を読む』　倉田百三著『絶対的生活』に収められた論文の題名。「みかぐらうた」は天理教の祭儀の地歌

汎神論　宇宙のあらゆるものに神が宿り、万物は神の現れであり、神と同一であるとする立場

自然律　自然界の現象をつかさどっている法則

自由律　定まった形式にとらわれない表現の形

弁膜　心臓、静脈、リンパ管などの内部で血液やリンパ液の逆流を防ぐ弁

けでも不思議《ふしぎ》である。人間《にんげん》が目的的意志《もくてきてきいし》で作るポンプの栓《せん》のようなものが、単《たん》なる自然淘汰《しぜんとうた》で、偶然的《ぐうぜんてき》に、しかも本人《ほんにん》は知らないのに、出来《でき》るとはどうも考えられない。

　そうしたわけで私は神癒《しんゆ》、祝福《しゅくふく》、祥益《しょうえき》というものをどうも肯定《こうてい》する方《ほう》へ傾《かたむ》くのです。しかしそれが宗教《しゅうきょう》の本質《ほんしつ》とは思われない。宗教の本質はどこまでも神と帰一《きいつ》してその聖旨《みむね》のままに生きることである。聖旨《みむね》ならば病《や》まねばならぬ、死なねばならぬ、どうも私には、「聖旨《みむね》ならばこの盃《さかづき》を吾《わ》が手よりとり去り給《たま》え」以上《いじょう》には今《いま》のところ出られないのです。

　そこから先《さき》へは貴兄《きけい》について行《ゆ》けない。「病《やまい》という聖旨《みむね》はない」というところまではまだ体証《たいしょう》していないから、勧《すす》めたり、宣伝《せんでん》したり出来ないのです。大略《たいりゃく》ながら貴兄には以上《いじょう》でその消息《しょうそく》は解《わか》っていただけると思うのです。

　どうも私の寂光《じゃっこう》と貴兄の光明《こうみょう》とは異《ちが》ってるようです。私のは暗《やみ》を含《ふく》んだ光《ひかり》で、暗《やみ》と対立《たいりつ》した光でない。病気《びょうき》、不幸《ふこう》、禍害《かがい》も光の中《なか》にあるのです。光

自然淘汰　進化論の根幹をなす考え方。劣悪なものは滅び、優良なものが生き残ること

神癒　超物質的治療によらずに神の力で癒やされること

「聖旨ならば…」『新約聖書』「マタイ伝」第二十六章、「マルコ伝」第十四章、「ルカ伝」第二十二章にあるイエスの「ゲッセマネの祈り」の言葉

体証　真理をきわめ体験して悟ること

消息　ありさま。事情

があらわれれば暗《やみ》が退《しりぞ》くという光《ひかり》とは異《ちが》うのです。

その相異《そうい》があるために、どうも私は貴兄《きけい》の立場《たちば》に全的共鳴《ぜんてききょうめい》の文章《ぶんしょう》を書くことの出来《でき》ない立場にいるのです。素人《しろうと》には解《わか》らないでしょうが。

しかし貴兄の本を読むと、何故病気《なぜびょうき》が治《なお》るかというところに、その理由《りゆう》と過程《かてい》とに信仰《しんこう》があるので、世間《せけん》で非難《ひなん》するような病気を治《なお》すための信仰でないことは明《あきら》かである。病気を治《なお》すには宇宙《うちゅう》と帰一《きいつ》せねばならぬ。その結果《けっか》として光明化《こうみょうか》が行《おこな》われるので、光明化はすなわち信仰の証拠《しょうこ》である。

何故《なにゆえ》に、そして如何《いか》なる方法《ほうほう》で、病気が治《なお》るかを明《あきら》かにしたなら、貴兄のやり方《かた》がインチキでなく、宗教信念上当然《しゅうきょうしんねんじょうとうぜん》の帰結《きけつ》であることが解《わか》るはずです。

ただ上述《じょうじゅつ》の如《ごと》く私の宗教信念《しゅうきょうしんねん》が貴兄のと少《すこ》しく異《ちが》うところがあって、宇宙と帰一《きいつ》しても暗黒《あんこく》はあり得《う》るという事《こと》になるので、そこが貴兄について行《ゆ》けない事になるのです。

その宗教上《しゅうきょうじょう》の玄人的《くろうとてき》な、奥儀《おうぎ》の点《てん》まで来る以前《いぜん》の世界《せかい》でなら、私はほとんど貴兄《きけい》と一致共鳴《いっちきょうめい》するものであり、且《か》つそうした現世利益《げんぜりやく》の可能《かのう》に対《たい》しては肯定的《こうていてき》な傾向《けいこう》にいる者《もの》ですが、それを宗教《しゅうきょう》の本質《ほんしつ》と思っていないのはこれは貴兄も同じでしょう。

新聞広告《しんぶんこうこく》のやり方《かた》については、大衆《たいしゅう》と結縁《けちえん》するための方便《ほうべん》であろうと思っています。私も国民運動《こくみんうんどう》をやってるので大衆への宣伝工作《せんでんこうさく》については以前《いぜん》よりずっと現実的理解《げんじつてきりかい》を持っております。しかし独善的潔癖家《どくぜんてきけっぺきか》があの新聞広告で傷《きず》つくのも已《や》むを得《え》ないと思います。この問題《もんだい》も私は暗《やみ》を含《ふく》み得《う》る光《ひかり》でないと説明《せつめい》がつかないのではないかと思うのです。その暗《やみ》を新聞広告から払《はら》い除《の》ければ『生活者《せいかつしゃ》』風《ふう》の少数者的《しょうすうしゃてき》のものとならざるを得《え》ぬ。『文藝春秋《ぶんげいしゅんじゅう》』、真理運動《しんりうんどう》は勿論《もちろん》、岩波《いわなみ》でもそうした新聞宣伝《しんぶんせんでん》をやらねばならぬのは明《あきら》かであり、そうせねば大功徳《だいくどく》を生《しょう》じることは出来《でき》ぬ。

私のこの手紙《てがみ》の公表《こうひょう》も私は少しもいといません。実際《じっさい》この問題は宗教上《しゅうきょうじょう》

玄人　その道の専門家

奥儀　学問・芸術・武芸などの極みにある最も重要な事柄。奥義

結縁　仏道の縁を結ぶこと。貴重なものに接する機会を得ること

方便　ある目的のために便宜的に使う手段

『生活者』　大正十五～昭和四年に発行された文芸雑誌。倉田百三編集発行、岩波書店刊。立教前の著者も寄稿した

『文藝春秋』　大正十二年に菊池寛が創刊した随筆雑誌。大正十五年より総合雑誌となる。昭和十年に芥川賞と直木賞を設立した

真理運動　昭和九年に発足した、超宗派の仏教運動。機関誌『眞理』中の記事について本全集第五十五巻「道場篇」下巻六六頁参照

の大問題《だいもんだい》であり、広告法《こうこくほう》、治癒法《ちゆほう》についての世間《せけん》の誤解《ごかい》、非難《ひなん》への釈明《しゃくめい》にもなるかも知れません。……（倉田百三《くらたひゃくぞう》）

倉田百三氏《くらたひゃくぞうし》に答えて

倉田百三兄《くらたひゃくぞうけい》。

貴著《きちょ》、信仰読本《しんこうとくほん》『親鸞聖人《しんらんしょうにん》』を手許《てもと》に頂《いただ》きながら、それの批評《ひひょう》又《また》は御紹《ごしょう》介《かい》を申《もう》したいと思いながらも、思い切ってそれを敢《あえ》てなし得《え》ないのは、ちょうどあなたが或《あ》る程度《ていど》まで私の信仰《しんこう》に共鳴《きょうめい》しながら或《あ》る点《てん》でぴったりと私と同じ信仰になり切れないところがあるので生長《せいちょう》の家《いえ》の信仰を人々《ひとびと》に思い切って伝え切れないと言われたその同じような吾々《われわれ》の信仰との相異点《そういてん》が、あなたの著述《ちょじゅつ》の中《なか》に滲《にじ》み出《で》ていることなのです。私がその点をもし指摘《してき》するならばあなたを批《う》つことになり、紹介するつもりが却《かえ》ってその反対《はんたい》の結《けっ》

釈明　事情を説明して了解を求めること

頭注版㊴五五頁

貴著　相手の著書を敬って言う語

信仰読本『親鸞聖人』　昭和十一年、大東出版社刊

親鸞聖人　承安三～弘長二年。鎌倉時代の僧。浄土宗の開祖法然の弟子。浄土真宗の開祖

批つ　批判する

果《か》にでもなれば申《もうし》訳《わけ》がないことを恐《おそ》れるのです。しかし今度《こんど》の御手紙《おてがみ》であなたの信仰的《しんこうてき》心持《こころもち》がどんな処《ところ》にあられるかがよく判《わか》りましたし、あなたもまた「この僕《ぼく》の質問《しつもん》に対《たい》して、公《おおや》けに貴兄《きけい》が答えて下《くだ》さる事《こと》が、もし役《やく》に立つならば、私のこの手紙の公表《こうひょう》も私は少しもいといません。実際《じっさい》この問題《もんだい》は宗教上《しゅうきょうじょう》の大問題《だいもんだい》であり、広告法《こうこくほう》、治癒法《ちゆほう》についての世間《せけん》の誤解《ごかい》、非難《ひなん》への釈明《しゃくめい》にもなるかも知れません」と言って下《くだ》さいましたし、またあなたと同じような信仰《しんこう》に落着《おちつ》いていられる方《かた》もありましょうし、同じような疑問《ぎもん》を「生長《せいちょう》の家《いえ》」所説《しょせつ》の真理《しんり》に対《たい》して抱《いだ》いているような方《かた》もあろうと思いますので、あなたの御手紙《おてがみ》で御書《おか》き下《くだ》さった吾々《われわれ》の意見《いけん》の相異点《そういてん》を列挙《れっきょ》して正しき信仰を求める方《かた》の参考《さんこう》にしてみたいと思います。あなたの被仰《おっしゃ》る通《とお》り、この吾々《われわれ》の意見の相異点は実際宗教界《じっさいしゅうきょうかい》の重大問題《じゅうだいもんだい》であり、また在来《ざいらい》の仏教《ぶっきょう》キリスト教《きょう》が生活《せいかつ》の上《うえ》に奇蹟《きせき》を現《あらわ》し得《え》ないのに、吾々《われわれ》の信仰によって奇蹟を現《あらわ》し得《う》る理由《りゆう》も、その重大《じゅうだい》なる相異《そうい》から生《しょう》ずるのだと思えるのですから。

所説　説くところ。主張の内容

列挙　一つ一つ並べたてること

在来　これまであった

あなたは実際《じっさい》「神癒《しんゆ》」の体験者《たいけんしゃ》であります。御手紙《おてがみ》にもあなたは「体験《たいけん》より言うも私は病気《びょうき》を精神《せいしん》、特《とく》に宗教的《しゅうきょうてき》な悟得《ごとく》と関連《かんれん》して治《なお》した顕著《けんちょ》な実例《じつれい》の証人《あかしびと》であります」と言っていられる。「それにもかかわらず」あなたは「宇宙《うちゅう》の太源《たいげん》に帰一《きいつ》することが治病《ちびょう》、開運《かいうん》、幸福《こうふく》、繁栄《はんえい》を必《かなら》ず結果《けっか》するとは信じられない」と言われます。そして「宇宙の太源《たいげん》と帰一《きいつ》した生活《せいかつ》は確《たし》かに光明《こうみょう》の生活である。しかしその光明とは暗《やみ》と対比《たいひ》した意味《いみ》の明るさではなく、光《ひかり》と暗《やみ》とを超《こ》えた寂光《じゃっこう》であり、だから必ずしも光明とはいわず、『聖暗《せいあん》』といった人《ひと》もある。明るいとも暗いとも表現出来《ひょうげんでき》るような大寂光《だいじゃっこう》である」と言われます。

ここまでのあなたの所説《しょせつ》に於《お》て「宇宙の太源《たいげん》」というあなたの言葉が私には何《なに》をあらわしているか不明《ふめい》ですが、おそらくこれをキリスト教的《きょうてき》にいえば「創造者《そうぞうしゃ》」でありましょうし、仏教的《ぶっきょうてき》にいえば「空《くう》」でありましょうし、古神道的《こしんとうてき》にいえば天地《てんち》現象《げんしょう》剖判《ぼうはん》以前《いぜん》の「スミキリ」絶対界《ぜったいかい》でありましょう。又《また》、喩《たと》えば虹《にじ》として分光《ぶんこう》された「七色光線《しょくこうせん》」に対《たい》するその本源《ほんげん》の太陽《たいよう》の「無色光線《むしょくこうせん》」のようなものでありましょう。太陽の「無色光線」を絶対《ぜったい》者《しゃ》とすれば、虹《にじ》として分光された「七色光線」は現象《げんしょう》のようなものでありましょう。こういうような考え方をすれば、「無色光線」の中《なか》には七色光線が包摂《ほうせつ》されていると同様《どうよう》に、その宇宙《うちゅう》の太源《たいげん》の中《なか》には病気《びょうき》、不幸《ふこう》、禍害《かがい》の如《ごと》き現象も共《とも》に包摂《ほうせつ》されていなければならないとあなたはお考えになるのでしょう。現象界《げんしょうかい》の病気、不幸、禍害の如《ごと》きは虹《にじ》の中《なか》の、橙《だいだい》、緑《みどり》、紫色《むらさきいろ》の如《ごと》き色とりどりの装《よそお》いの一《ひと》つ一つであり、健康《けんこう》、幸福《こうふく》、祥益《しょうえき》の如《ごと》きが赤、黄、藍色《あいいろ》の如《ごと》き色とりどりの装《よそお》いの一つ一つであるとし、それらの色の悉《ことごと》くが、本源なる太陽の無色光線(大寂光《だいじゃっこう》)中《ちゅう》に含《ふく》まれているとするならば、あなたの言われるように「この世界《せかい》は病気、不幸、禍害があるとき、それを大寂光裡《だいじゃっこうり》に包摂《ほうせつ》することは出来《でき》ても、その反対《はんたい》としての治癒《ちゆ》、幸福、祥益《しょうえき》

古神道　仏教などの外来思想が入ってくる以前の日本古来の信仰

剖判　分かれて開けること。開闢（かいびゃく）

分光　光が波長の相違によって種々の色帯に分かれること。人間の目に感じられる可視光線は赤、橙、黄、緑、青、藍、紫の七色

であらねばならぬということはどうも導《みちび》き出せないように私には思えるのです。宇宙《うちゅう》は本来《ほんらい》、健康《けんこう》、幸福《こうふく》、祥益的《しょうえきてき》であるかは解《わか》らない、自分《じぶん》が病《や》む時《とき》それは宇宙が病むのだ、神が病むのだと感《かん》じることは出来《でき》るが、それが治《なお》るはずだということはどうして出て来るのでしょうか」と結論《けつろん》しなければならなくなるでしょう。

この御手紙《おてがみ》を読みましたとき、私はあなたの考えていられる「宇宙の太《たい》源《げん》」なるものがショーペンハウエルの説《と》いた「盲目的意志《もうもくてきいし》」に非常《ひじょう》によく似《に》たものに感じました。もう十数年前出版《すうねんぜんしゅっぱん》されたあなたの感想集《かんそうしゅう》『静思《せいし》』一六四頁《ページ》に「この世界《せかい》の運行《うんこう》は、火事《かじ》と花見《はなみ》とを同時《どうじ》に含《ふく》み乍《なが》ら、而《しか》も次《し》第《だい》に火事を鎮《しず》めて、花見のみを存在《そんざい》せしめる世界に向《むか》って近づきつつある過《か》程《てい》と観《かん》じる」とお書きになった世界観《せかいかん》を私は思い出さずにはいられませんでした。あなたは「火事も花見も同時に含《ふく》み乍《なが》ら」この矛盾《むじゅん》と闘《たたか》いつつ伸長《しんちょう》

ショーペンハウエル　Arthur Schopenhauer 一七八八〜一八六〇年。ドイツの哲学者。観念論・汎神論・厭世観を統合した哲学を打ち立てた。著書に『意志と表象としての世界』などがある。本全集第三十一巻「自伝篇」上巻等参照

『静思』　大正十一年、曠野社刊

伸長　伸びること。伸ばすこと

し行《ゆ》く不完全《ふかんぜん》な力《ちから》をば「宇宙《うちゅう》の太源《たいげん》」であると観《み》ていられるのです。これでは「宇宙の本源《ほんげん》」なるものは誰《たれ》かの言ったように「聖暗《せいあん》」であるかも知れません。また無色《むしょく》であるから「空《くう》」であるかも知れません。そして、それはその「聖暗《せいあん》」の中《なか》から色々《いろいろ》の悲劇《ひげき》を出し、その「空《くう》」の中《なか》から色々の不幸《ふこう》を出しつつ吾等《われら》肉体人間《にくたいにんげん》と共《とも》に悩《なや》み、苦しみ、闘《たたか》っている不完全者《ふかんぜんしゃ》であって、「神」という尊称《そんしょう》を以《もっ》て呼《よ》ぶに相応《ふさ》わしくない非叡智的《ひえいちてき》な者《もの》といわねばなりません。

そこで、私はあなたの「自分《じぶん》が病《や》む時《とき》、宇宙が病むのだ」と言われる御手《おて》紙《がみ》から察《さっ》し得《う》るのは、この病んでいる肉体《にくたい》を「宇宙の本源力《ほんげんりょく》」が創造《そうぞう》し、支えているのだとお考えになっているのではないでしょうか。果《はた》して然《しか》らばかくの如《ごと》き「吾《われ》らに不幸を来《きた》す力」が宇宙の本源であるならば、それを「神」といわずして「無明《むみょう》」とこそいうべきであり、かかる力がこの世《よ》の

尊称　敬意をこめて呼ぶこと。また、その呼び名

果して然らば　本当にその通りならば

存在《そんざい》の原動力《げんどうりょく》であるというならば、それは仏教《ぶっきょう》でいう無明縁起説《むみょうえんぎせつ》であって、キリスト教的《きょうてき》な神の宇宙創造説《うちゅうそうぞうせつ》の否定《ひてい》になるのであります。

そこで、あなたは、「宇宙《うちゅう》の本源《ほんげん》」そのものの中《なか》に「病気《びょうき》」が包摂《ほうせつ》せられているのであり、決《けっ》して人間《にんげん》の迷《まよい》の結果《けっか》に限《かぎ》らないことを論証《ろんしょう》しようとしてこう言っていられるのであります。

「これは人間でなく、動物《どうぶつ》の病気の場合等殊《ばあいなどこと》にそういう疑《うたが》いが出て来る。動物は神と一致《いっち》して生きているはずなのに病《や》むのはどうしたわけでしょう」と。「動物は神と一致しているはずだのに病む」とあなたが被仰《おっしゃ》るのは観察《かんさつ》の間違《まちがい》ではないでしょうか。自然《しぜん》の山野《さんや》に自然生活《しぜんせいかつ》せる鳥獣《ちょうじゅう》は決して病《やまい》に罹《かか》らないと認《みと》められています。鳥獣が病気に罹《かか》るのは、人間の雰囲気《ふんいき》近くに棲息《せいそく》させるからであります。御覧《ごらん》なさい、多くの雀《すずめ》は春秋《しゅんじゅう》二回《かい》に産卵《さんらん》し、鼠算的《ねずみざんてき》に繁殖《はんしょく》するのでありますから、その数《すう》たるや莫大《ばくだい》なるものであると

無明縁起説　この世界は「迷い」の世界であり、「因」と「縁」との結合によって常に流転し続けているとする考え

鼠算的　鼠の子がふえてゆくように急激にふえることの例え

いわねばなりません。これを生物《せいぶつ》の平均寿命《へいきんじゅみょう》としていわれているところの発育期間《はついくきかん》の五倍《ばい》だけの期間《きかん》生きているとすると、その死亡数《しぼうすう》も夥《おびただ》しき数《すう》に上《のぼ》らなければなりません。果《はた》して然《しか》らば吾々《われわれ》は街路《がいろ》や屋根《やね》に無数《むすう》の雀《すずめ》の死骸《しがい》を見出《みいだ》さなければならないはずでありますのに、子供《こども》などが空気銃《くうきじゅう》で銃殺《じゅうさつ》したり、その他《た》の理由《りゆう》で非業《ひごう》の死を遂《と》げた雀《すずめ》は別《べつ》として、自然死《しぜんし》を遂げた雀《すずめ》の死骸は一羽《わ》も見当《みあた》らないのであります。生育期間《せいいくきかん》の五倍数《ばいすう》だけしか生きないはずの雀《すずめ》が人間《にんげん》が家禽《かきん》にしなければ死なないという事実《じじつ》は、人間の迷《まよい》の雰《ふん》囲気《いき》に触《ふ》れなければ、動物《どうぶつ》は病気《びょうき》にならないのだという理由にはならないでしょうか。

殊《こと》に家畜《かちく》が病気に罹《かか》った場合《ばあい》に、人間がその動物に対《たい》して光明《こうみょう》の雰囲気を放送《ほうそう》する時《とき》はその病気が治《なお》るという実例《じつれい》は、動物の病気というものが人間を離《はな》れて単独《たんどく》に存在《そんざい》するものではなく、動物の病気の原因《げんいん》は、万物《ばんぶつ》の主宰者《しゅさいしゃ》たる人間の心の乱《みだ》れによるものだとの結論《けつろん》を引出《ひきだ》さずにはいられないのであ

非業の死　思いがけない災難などで死ぬこと

家禽　肉や卵を利用する目的で家畜として飼育される鳥。鶏・あひる・七面鳥など

主宰者　中心となってとりまとめる者

ります。それでは人間《にんげん》が地上《ちじょう》に発生《はっせい》する以前《いぜん》の動物界《どうぶつかい》には病気《びょうき》はなかったか、又《また》病気があったかという点《てん》に至《いた》ると、何《なん》らの証拠《しょうこ》もないので架空《かくう》に議論《ぎろん》してもつまらないと思いますが、おそらく万物《ばんぶつ》の主宰者《しゅさいしゃ》たる人間出現以前《にんげんしゅつげんいぜん》は、多くの動物は動物自身《どうぶつじしん》の心相応《こころそうおう》の運命《うんめい》を受けて火山爆発天変地変《かざんばくはつてんぺんちへん》などの災禍《さいか》をも受けたことでしょう。

阪和電鉄《はんわでんてつ》の支配人《しはいにん》をしていられる八尾村忠紀氏夫人《やおむらただのりしふじん》は、皮膚病《ひふびょう》で毛がほとんど脱落《だつらく》し、皮膚一面《ひふいちめん》に疥癬《かいせん》ようの瘡面《そうめん》で一杯《いっぱい》になって瀕死《ひんし》の衰弱状態《すいじゃくじょうたい》となっている犬を、神想観《しんそうかん》によって、犬の仏性《ぶっしょう》を観《かん》ずることによって完全《かんぜん》に治癒《ちゆ》せしめ得《え》たことを八尾村氏《やおむらし》は私にお話しになりました、「狗子《くし》に仏性《ぶっしょう》ありや？」は坐禅《ざぜん》の公案《こうあん》で問題《もんだい》になるものでありますが、狗子《くし》の仏性《ぶっしょう》を掩蔽《えんぺい》している迷《まよい》の雲が光明思念《こうみょうしねん》によって吹《ふ》き払《はら》われれば病気が治《なお》るとすれば、仏性《ぶっしょう》そのものの顕現《けんげん》は、病気が治《なお》るように、幸福《こうふく》になるように、祥益《しょうえき》を現《あらわ》すように出来《でき》ているのだと私には思えるのです。…………（四百一字略《りゃく》）

災禍　天災などによるわざわい。思いがけない災難

阪和電鉄　大正十五年に設立された鉄道会社。現在のJR西日本阪和線を建設した

疥癬　ヒゼンダニの寄生によって起こる伝染性皮膚病

瘡面　顔面のできものや腫れもの

狗子　犬。犬の子

公案　禅宗で悟りに導くために与える課題

掩蔽　月が恒星や惑星などの前に来てそれらを隠す現象。転じて覆い隠すこと

四百一字略　本章の発表当初には動物を蘇生させた四つの実例が記載されていた。内務省警保局の関与によってその部分が省略されたことを示す

（以下《いか》数例《すうれい》ありますが、動物《どうぶつ》の病気《びょうき》が人間《にんげん》の精神力《せいしんりょく》の影響《えいきょう》で左右《さゆう》されるということは弊害《へいがい》が伴《ともな》うから発表《はっぴょう》してくれるなとのことでありますから、著者《ちょしゃ》としてはその実例《じつれい》を抜《ぬ》いたら空理空論《くうりくうろん》だといわれる惧《おそ》れがあるので誠《まこと》に困《こま》るのでありますが、省略致《しょうりゃくいた》しました。）

　動物は人間が光明思念《こうみょうしねん》を放送《ほうそう》すれば健康《けんこう》になり、病的思念《びょうてきしねん》を放送すれば病気になるという事実《じじつ》があるとき、その動物の病気が「宇宙《うちゅう》の太源《たいげん》」の中《なか》に包蔵《ほうぞう》せられるものではなく、むしろ「人間の心」の中《なか》に包蔵せられるものであることを私は考えずにはいられないのです。病気や不幸《ふこう》を包蔵するような「聖暗《せいあん》」とは「宇宙の太源《たいげん》」とか「神」とかいうものではなく、むしろ「人間の心」なのだと考えられます。無論《むろん》「人間の心」の中《なか》には病気、不幸、衰頽《すいたい》のみならず、健康《けんこう》、幸福《こうふく》、祥益《しょうえき》をも含《ふく》んでいる事《こと》は人間が神想観《しんそうかん》をし『甘露《かんろ》の法雨《ほうう》』を誦《よ》みして自分の中《なか》にある心の光明を輝《かがや》かすことによって、周囲《しゅうい》に

包蔵　内部に持っていること

衰頽　勢いや活力が衰えて弱まること

いる人間《にんげん》のみならず動物《どうぶつ》をも健康《けんこう》にし幸福《こうふく》にし得《う》る事実《じじつ》によって証明《しょうめい》することが出来《でき》ます。結局《けっきょく》、人間の心は、病気《びょうき》、不幸《ふこう》、災厄《さいやく》と健康、幸福、祥《しょう》益《えき》とを同時《どうじ》に包蔵《ほうぞう》しつつ、次第《しだい》に病気、不幸、災厄《さいやく》を鎮静《ちんせい》せしめつつ健康、幸福、祥益《しょうえき》へと発展《はってん》して行《ゆ》きつつあるところの「聖暗《せいあん》」だということになるのであります。

「聖暗《せいあん》」というのは「聖無明《せいむみょう》」といっても好《よ》いでしょう。併《しか》して、自己《じこ》のうちに病気、不幸、災厄《さいやく》の如《ごと》き忌《いま》わしきものを包蔵《ほうぞう》しつつあることを「聖《せい》」ではないと認《みと》めて行《ゆ》きますならば、結局それは単《たん》に「無明《むみょう》」だといっても好《よ》いと思います。こういう点《てん》からいえば、あなたは「宇宙《うちゅう》の太源《たいげん》」とか、「神」とかいう創造者《そうぞうしゃ》らしい名前《なまえ》をお用《もち》いになりますが、結局は「無明《むみょう》」（ショーペンハウエルの「宇宙の盲目的意志《もうもくてきいし》」）を以《もっ》て宇宙の太源《たいげん》と認めていられることになります。

鎮静　落ち着かせること

　こういう立場《たちば》にいられるあなたが「神と帰一《きいつ》して生きるということは出来《でき》るが、その神と帰一《きいつ》すれば必《かなら》ず病気《びょうき》が治《なお》るということは私は信じられない」と言われるのは当然《とうぜん》だと思います。あなたは「神と帰一《きいつ》する」と言われますが、その内容《ないよう》は、「無明《むみょう》に帰一《きいつ》する」と言われると同じことです。私も「無《む》明《みょう》に帰一《きいつ》すれば必ず病気が治《なお》る」とは信じられません。「治《なお》るも治《なお》らぬも神旨次第《しだい》という信仰《しんこう》になら私は立てます」と言われるあなたは、「治《なお》るも治《なお》らぬも『無明《むみょう》』次第《しだい》だ」と言っていられるのと同じように私には受取《うけと》れるのです。

　あなたは御自分《ごじぶん》の体験《たいけん》によって、今迄《いままで》「治《なお》そう治《なお》そうと焦《あせ》っていたのを、神旨《みむね》ならば治《なお》らずともよしと委《まか》せた時治《ときなお》ったのだ」と言われます。この場《ば》合《あい》、「神旨《みむね》」と言われるものを、病気も治癒《ちゆ》も一緒《いっしょ》に包蔵《ほうぞう》しながら、時には病気を、時には治癒《ちゆ》を小出《こだ》しにしているような「聖無明《せいむみょう》」のことをあなたは

「神旨《みむね》」という名でお呼《よ》びになっているのでありますならば、「神旨《みむね》ならば治《なお》らずともよし」と委《まか》せ切《き》りの心になってお治《なお》りになったということは「無《む》明《みょう》ならば無明《むみょう》のままにそのまま委《まか》せ切られた時《とき》に病気《びょうき》が治《なお》った」ということになると思います。ここにあなたは、極《きわ》めて興味《きょうみ》ある問題《もんだい》を御提供下《ごていきょうくだ》さったことになります。

円満完全至慈至愛《えんまんかんぜんしじしあい》の神聖《しんせい》なる神旨《みむね》に委《まか》せて病気が治《なお》るというのならば、それは甚《はなは》だ自然《しぜん》なことに思われますが、「無明《むみょう》の御旨《みむね》にまかせ」「迷《まよい》の神旨《みむね》にまかせ」きる気になってそれで病気がそのまま治《なお》ってしまったというようなあなたの御体験《ごたいけん》は甚《はなは》だ不自然《ふしぜん》なことに思われるかも知れません。従《したが》ってそれは「無明《むみょう》」とか「聖暗《せいあん》」とかの気紛《きまぐ》れな一肆意《しい》から出て来るのであって、それは誠《まこと》に気紛《きまぐ》れな「聖暗《せいあん》」の意志《いし》の現《あらわ》れであるから、治《なお》るにも極《きま》らないし、幸福《こうふく》が来るにも極《きま》らないし、祥益《しょうえき》が来るにも極《きま》らないし、従ってあなたは

至慈至愛　この上なく慈悲深く、愛情が深いこと

肆意　思う存分に勝手気ままにすること

『聖旨《みむね》ならば』「聖旨《みむね》ならば病《や》まねばならぬ。死なねばならぬ。どうも私にはこの盃《さかづき》を手よりとり給《たま》え』以上《いじょう》には今《いま》のところ出られない」と言われるのです。私はあなたがこの点《てん》では、『出家《しゅっけ》とその弟子《でし》』に親鸞《しんらん》をして「み心ならば」を言わせられた頃《ころ》よりほとんど一歩《ぽ》もより多く前進《ぜんしん》していられないと思うのです。

「そこから先《さき》へは貴兄《きけい》について行《ゆ》けない」とあなたは言われます。「病《やまい》という神旨《みむね》はないという所《ところ》までは体証《たいしょう》していない」とあなたが言われるのは無《む》理《り》もありません。その「聖旨《みむね》」を下《くだ》し給《たま》う主体《しゅたい》たる「意志《いし》」が、あなたのはショーペンハウエルの説《と》いたような「宇宙《うちゅう》の盲目的意志《もうもくてきいし》」なのですから。

宇宙を支《ささ》える力《ちから》が、「聖暗《せいあん》」といい、「聖無明《せいむみょう》」といい、「大寂光《だいじゃっこう》」といい、「宇宙の太源《たいげん》」といおうとも、その中味《なかみ》が、ショーペンハウエル流《りゅう》の「盲目的意志」である限《かぎ》り、それは盲目的流転力《もうもくてきるてんりょく》であるから「病《やまい》はない」という聖旨《みむね》は出て来ません。盲人《もうじん》が、時《とき》には柱《はしら》にぶっ突《つ》かり、時には往来《おうらい》を

『出家とその弟子』 大正五年に雑誌『生命の川』に発表され、翌六年に岩波書店より出版された。親鸞聖人や弟子の唯円等を描く

流転力　とどまることなく移り変わっていく力
往来　道路。また、通行すること

無事《ぶじ》に歩くように、かかる「盲目的意志《もうもくてきいし》」からは時《とき》には不幸《ふこう》が来たり、時には幸福《こうふく》が来たりするのです。これでは時には御旨《みむね》ならば柱《はしら》にぶっ突《つ》からねばならぬ、時には御旨《みむね》ならば溝《みぞ》に墜落《ついらく》しなければならぬことになるのは無理《むり》もないことです。かかる御旨《みむね》に打ちまかせたとき、もし病気《びょうき》が治《なお》ったならば、ただ盲人《もうじん》に手をひかれながら安全《あんぜん》に往来《おうらい》が出来《でき》たときのような、ただの僥《ぎょう》倖《こう》であったと考えられることになるのです。

しかし、私はあなたが「聖旨《みむね》ならば病《や》まねばならぬ」と委《まか》せ切《き》りの気持《きもち》になられた時に病気がお治《なお》りになったことを、「聖暗《せいあん》」又《また》は「聖無明《せいむみょう》」の一《ひと》つの肆意《しい》の現《あらわ》れに僥倖《ぎょうこう》にも偶然《ぐうぜん》ぶっ突《つ》かったのだとは考えたくありません。これは「生長《せいちょう》の家《いえ》」で説《と》いている「心の法則《ほうそく》」で説明《せつめい》すれば解釈《かいしゃく》のつくことなのです。それはこういう理由《りゆう》です――

およそ実在《じつざい》するものは、円満《えんまん》、完全《かんぜん》、健康《けんこう》、福祉《ふくし》、祥益《しょうえき》、光明《こうみょう》、智慧《ちえ》、

僥倖　思いがけない幸運

生命《せいめい》——等々《とうとう》のみであり、現象界《げんしょうかい》はその実在《じつざい》の世界《せかい》の風光《ふうこう》が時間《じかん》、空間《くうかん》二《ふた》つの範疇《はんちゅう》の枠《わく》の中《なか》に「念《こころ》の透過膜《とうかまく》」を嵌《は》めてそれを透《とお》して映写《えいしゃ》せられた外的投影《がいてきとうえい》の姿《すがた》であるが故《ゆえ》に、念《こころ》の透過膜にして、不透明《ふとうめい》であったり、波立《なみた》ち擾《さわ》いでいる場合《ばあい》は、「念《こころ》の透過膜」を透《とお》して現《あらわ》れる外的投影（現象界）は不完《ふかん》全《ぜん》なる姿となる。従《したが》って現象《げんしょう》として現《あらわ》れる肉体《にくたい》は不健康《ふけんこう》となり、境遇《きょうぐう》は不《ふ》幸《こう》となるのです。あなたが「聖暗《みこころ》まかせ」の深い心境《しんきょう》におなりになったときに、十数年《すうねん》の病気《びょうき》が忽然《こつねん》として癒《い》えたのは、それは「聖暗《せいあん》の肆意《しい》」によるのではなく、あなたの心境が苦痛《くつう》を逃《のが》れんとして逃《のが》れ得《え》ず、絶体絶命《ぜったいぜつめい》ただ委《まか》せるしか仕方《しかた》がなくなった時《とき》、「ままよ」と打《う》ち委《まか》せたその委《まか》せ切りの心境があまりにも深く澄《す》み切《き》った結果《けっか》、心の波《なみ》が平静《へいせい》きわまる状態《じょうたい》になり、時間空間の現象投影枠《げんしょうとうえいわく》に張《は》り渡《わた》した「念《こころ》の透過膜」が平《たい》らかとなり、従《したが》って現象界にあらわれたあなたの肉体が実相《じっそう》の完全《かんぜん》さに肖《に》せて投影《とうえい》せられることになり、ここにあなたは期《き》せずして健康《けんこう》を回復《かいふく》せられたのです。「聖暗《みこころ》まか

範疇　同じ性質のものが属する領域。カテゴリー

忽然　にわかに。たちまち

絶体絶命　体も命も絶たれてしまうほど追いつめられた状態

平静　静かに落ち着いているさま

期せずして　思いがけず

せ」ということは、たといそれが「仏《ほとけ》の無礙光《むげこう》まかせ」でないにしても現《あらわ》れる肉体《にくたい》が健康《けんこう》になるのは、念《こころ》の波《なみ》が平静《へいせい》になるからで、かつての「ひとのみち」のお振替《ふりかえ》まかせの心境《しんきょう》や、「御神宣《ごしんせん》」を絶対無批判無我服従《ぜったいむひはんむがふくじゅう》でさながらそのまま生きる心境になることによって病気《びょうき》が治《なお》る事実《じじつ》が往々《おうおう》あるのも、絶対無批判無我服従の状態《じょうたい》即《すなわ》ち、「そのまま受ける心」の状態になるならば、念《こころ》の波を絶対平静《ぜったいへいせい》ならしめるが故《ゆえ》、既《すで》に与えられたる実在《じつざい》の円満完全《えんまんかんぜん》なる風光《ふうこう》が現象界《げんしょうかい》に投影《とうえい》せんとし、この一部分《ぶぶん》の現《あらわ》れとして病気が治《なお》り、祥《しょう》福《ふく》が来《く》るのであります。

ここに、金光教祖《こんこうきょうそ》の御理解《ごりかい》の中《なか》にある、「たのまいでもおかげはやってある」という言葉と、「ままよという心にならねばお蔭《かげ》は頂《いただ》けぬ」という言葉とに深い意味《いみ》を見出《みいだ》すのであります。「頼《たの》まいでもやってあるおかげ」というのは、委《まか》せ切《き》りの心になっても、ならなくとも、祈《いの》っても、祈らなくとも

無礙光　何物にもさえぎられない光

「ひとのみち」　大正五年に御木徳一が御嶽教徳光大教会として立教し、昭和六年に扶桑教ひとのみち教会と改称。昭和十二年に不敬罪で解散を命じられる。昭和二十一年、徳一の長男徳近がＰＬ教団として復興させた

お振替　「ひとのみち」で信者の病気を教祖が身代わりになって引き受けること

「御神宣」　神のお告げ

祥福　めでたいこと

金光教祖　赤沢文治（川手文治郎）。文化十一～明治十六年。備中国（岡山県西部）の農民であったが、大病を患ってのち神宣を受けて天地金乃神への信仰に目覚めた

御理解　金光教祖が真理を簡単な言葉で表現したもの

既《すで》に与えられているところの実在《じつざい》の世界《せかい》の完全円満《かんぜんえんまん》さであります。それは、既に実在であり、信仰《しんこう》しようと信仰しまいとそんなことに関係《かんけい》なく存在《そんざい》するところの円満、完全、福祉《ふくし》、祥益《しょうえき》、健康《けんこう》であります。しかし実在の世界は、時間空間《じかんくうかん》の範疇《はんちゅう》を超《こ》えた世界でありますから、それは完全であっても五官《ごかん》に触《ふ》れるオカゲにはなっていません。それが五官に触れるオカゲになって現《あらわ》れるのは金光教祖《こんこうきょうそ》の言われた「ままよという心」になって念《こころ》の波《なみ》の透《とう》過膜《かまく》が本当《ほんとう》に平《たいら》かにならねばならないのです。「ままよという心」になって本当に念《こころ》の波が平《たいら》かになれば、鰯《いわし》の頭《あたま》を信じようと、メリケン粉を高貴薬《こうきやく》と信じようと、或《ある》いは「ひとのみち」の御振替《おふりかえ》を信じようと、「無明《むみょう》こそ宇宙《うちゅう》の太源《たいげん》である」として、「その御心《みこころ》にまかせよう」と、結局《けっきょく》、実在世界の完全なる風光《ふうこう》（頼《たの》まいでもやってあるお蔭《かげ》）が現象世界《げんしょうせかい》に現《あらわ》れて来るのであります。

メリケン粉　小麦粉の俗称。アメリカ産の小麦から作った粉を言う
高貴薬　値段が高く貴重な薬

あなたが「宇宙《うちゅう》の太源《たいげん》の聖旨《みむね》のなかには暗《やみ》もあれば光《ひかり》もあり、それは光《こう》明《みょう》といい得《う》るにしても大寂光《だいじゃっこう》であり、暗《やみ》を含《ふく》んだところの光明である」と考えられ、「それ以上《いじょう》に光明のみの世界《せかい》にはついて行《ゆ》けない」と言われ、現《げん》象界《しょうかい》にあらわれる色々《いろいろ》の暗《やみ》の姿《すがた》の本源《ほんげん》を「宇宙の太源《たいげん》」そのものの中《なか》にあると言われるのは、あなたの言われる「宇宙」なるものが「実在宇宙《じつざいうちゅう》」と「現象宇宙《げんしょううちゅう》」とを混淆《こんこう》していられるからなのです。「実在宇宙」は「既に御意《みこころ》の成《な》れる世界」であり、「頼《たの》まいでもお蔭《かげ》はやってある世界」であり、「太陽《たいよう》の善人《ぜんにん》をも悪人《あくにん》をも照《てら》す如《ごと》く、御意《みこころ》のあまねく霑《うるお》える世界」でありますから、光明一元、光のみの世界であります。これに反《はん》して「現象宇宙」は「実在宇宙」の完全《かんぜん》なる相《すがた》を、歪《ゆが》める凹凸不同《おうとつふどう》の「念《こころ》の透過膜《とうかまく》」によって時間空間《じかんくうかん》の範疇《はんちゅう》に屈折《くっせつ》して投影《とうえい》されて顕《あらわ》れた世界でありますから明暗正《めいあんせい》歪《わい》健病《けんびょう》の混同《こんどう》せる世界であります。すなわちこの「現象宇宙の太源《たいげん》」中《ちゅう》には、背後《はいご》に実在《じつざい》の円満完全《えんまんかんぜん》なる光があり、その表層《ひょうそう》に、「不透明《ふとうめい》にして屈折《くっせつ》

混淆　異なるものが入り交じること

凹凸不同　表面に出っ張りやくぼみがあって平らでないさま

正歪　ゆがんでいないさまとゆがんださま

不同《ふどう》の念《ねん》のレンズ」がありますから「現象世界《げんしょうせかい》の太源《たいげん》」は「完全円満《かんぜんえんまん》なるもの」と、それを遮《さえぎ》る「念《ねん》の波《なみ》」との両方《りょうほう》であり、従《したが》ってそれはあなたのいわれるように「暗《やみ》と光《ひかり》とを同時《どうじ》に含《ふく》んでいる」ことになるので、あなたの被仰《おっしゃ》ることは私にもよく解《わか》るし、間違《まちがい》があるとは思いません。

しかし、それは「現象宇宙《げんしょううちゅう》の太源《たいげん》」のことであって、「実在宇宙《じつざいうちゅう》の太源《たいげん》」のことではありません。「実在宇宙」は「現象宇宙」をもう一つ乗り超えた世界なのです。そこは明暗混淆の世界を乗り超えて光明のみの世界なのです。完全な譬喩《ひゆ》とはいえませんが、現象宇宙は縦横時間空間《たてよこじかんくうかん》の銀幕《ぎんまく》に映《うつ》った活動写真《かつどうしゃしん》のようなものです。それは、「明《めい》」と「暗《あん》」とで成立《なりた》っており、その太源《たいげん》には「光明《こうみょう》」と、光明を遮《さえぎ》るフィルム上《じょう》の「陰《かげ》の姿《すがた》」とがあるのです。このフィルムの陰画《いんが》を五陰《ごおん》にたとえれば念《こころ》が五陰《ごおん》を描《えが》いたのであって、その本源《ほんげん》にある「光源《こうげん》」にはそういう五陰《ごおん》の不完全《ふかんぜん》な「陰《かげ》の姿」はないのです。「陰《かげ》の姿」はフィルムにあるのみです。この「フィルム」を乗《の》り超《こ》

銀幕　スクリーン

陰画　実物と明暗が逆になった写真フィルム。ネガ

五陰　五蘊（ごうん）に同じ。すべての存在を構成する「色受想行識」の五つの要素の集まり

えて光《ひかり》の本源《ほんげん》に達《たっ》すれば、そこに光明《こうみょう》のみが存在《そんざい》するのです。この「光明のみの世界《せかい》」が「実在宇宙《じつざいうちゅう》」なのです。あなたは或《あるい》は光明のみならばそこに何《なん》らの形《かたち》も存在し得《え》ないではないか、形が存在し得《う》る限《かぎ》りに於《おい》て、「暗《やみ》」が必然《ひつぜん》にそこに約束《やくそく》として現《あらわ》れなければならないといわれるかも知れませんが、この活動写真《かつどうしゃしん》の譬喩《ひゆ》は、単《たん》なる譬喩《ひゆ》であって「実在宇宙」が「現象宇宙《げんしょううちゅう》」に投影《とうえい》し得《う》る過程《かてい》を説明《せつめい》し得《え》ましても、「実在宇宙」の風光《ふうこう》を説明することにはならないのです。この「実在宇宙」の風光は五官《ごかん》をもって感覚《かんかく》することが出来《でき》ないのでありますから、仏教《ぶっきょう》に於《おい》ても「真如《しんにょ》」といい、「空《くう》」といい、「寂光土《じゃっこうど》」といい、「実相《じっそう》」といい、「無相《むそう》」といい、「無相《むそう》なるが故《ゆえ》に無限相《むげんそう》」ともいいますが、それは現象《げんしょう》していないが故《ゆえ》に普通《ふつう》「平等空《びょうどうくう》の世界」と考えられ易《やす》く、「平等世界《びょうどうせかい》」とか、「無尽平等《むじんびょうどう》の妙法界《みょうほっかい》」とかいわれています。かく色々《いろいろ》にいわれてはいますが、どちらかといえば現象以前《げんしょういぜん》の世界でありますので、差別世界《さべつせかい》に対《たい》する平等世界《びょうどうせかい》と考えられ易《やす》く、また

真如　永遠に変わらない絶対の真理

無相　姿かたちのないこと

先輩《せんぱい》の使用《しよう》せるその用語《ようご》に惑《まど》わされ、何《なん》の形《かたち》もない無色無味無臭無触無聴《むしょくむみむしゅうむしょくむちょう》のエーテルの如《ごと》き世界《せかい》だと考えられ易《やす》いのです。そのために「実相《じっそう》に帰一《きいつ》する」とはエーテルのような空寂《くうじゃく》に帰入《きにゅう》する事《こと》だと考えられ、小乗仏教的《しょうじょうぶっきょうてき》な隠遁生活《いんとんせいかつ》こそ、「実相に帰一《きいつ》する」ことだとせられる傾《かたむ》きの多かったのが仏教衰退《ぶっきょうすいたい》の一大原因《いちだいげんいん》であったと考えられるのであります。然《しか》るに、私の直《ちょっ》感《かん》じ得《え》た「実在《じつざい》の世界《せかい》」は無色無聴無味無臭無触《むしょくむちょうむみむしゅうむしょく》の世界にはあらずして、無《む》限《げん》の妙色《みょうじき》、無限の妙香《みょうこう》、無限の妙音《みょうおん》、無限の妙味《みょうみ》、無限の妙触《みょうしょく》を備《そな》えたる無限次元《むげんじげん》の世界なのであります。これを私は直感《ちょっかん》によってかく認識《にんしき》し得《う》るのでありますが、傍証《ぼうしょう》としては吾等《われら》が悟《さと》りの程度《ていど》が加わって来るに従《したが》って色盲《しきもう》が治《なお》り、音盲《おんもう》が治《なお》り、蓄膿《ちくのう》による香盲《こうもう》が治《なお》り、食物《しょくもつ》に味《あじ》を加えて来るのによってでも、吾等《われら》が実相界《じっそうかい》を現象界《げんしょうかい》に投影《とうえい》する「念《ねん》のレンズ」の浄《きよ》まってその屈折率《くっせつりつ》が少《すく》なって来るに従《したが》い、感《かん》じ得《う》る感覚《かんかく》の世界が豊富《ほうふ》になり、感覚の種類《しゅるい》が増加《ぞうか》し来《きた》る事実《じじつ》によっても、いよいよ吾々《われわれ》の「心のレンズ」が

エーテル　宇宙空間にあって、光・熱・電気の波及のなかだちとなるもの。本著執筆時以降その存在を巡って紆余曲折して現在に至っている

空寂　この世のものは実体がなく、その本性は空（くう）であるということ

帰入　深く仏の教えに従うこと。帰依

小乗仏教　「小乗」は小さな乗り物の意。自己の悟りを第一とする教え

隠遁生活　世の中の俗事からのがれて送る生活

傍証　間接的な証拠

色盲　先天性の色覚異常の旧称。すべての色、またはある色の識別が困難な症状

音盲　音感がにぶい人。音痴

蓄膿　慢性の副鼻腔炎。頭が重い、頭痛、鼻づまり、記憶力減退などの症状を呈する

浄《きよ》まり、それが素透《すどお》しに実在世界《じつざいせかい》を投影《とうえい》し得《う》るようになったならば、当《まさ》にその感《かん》じ得《う》る感覚《かんかく》は、無限《むげん》の種別《しゅべつ》の美しさに達《たっ》し得《う》るに違《ちが》いないと推測出来《すいそくでき》るのであります。

おおよそ、実在世界の風光《ふうこう》は、今《いま》まで大抵概念的《たいていがいねんてき》に「空《くう》」とか「寂光土《じゃっこうど》」とか表現《ひょうげん》してありますので、静寂《せいじゃく》なる超越的光《ちょうえつてきひかり》のみがボンヤリと満《み》ちている空々漠々《くうくうばくばく》のエーテル的世界《てきせかい》であろうと、直感《ちょっかん》なき文字《もじ》だけで解釈《かいしゃく》する仏教者《ぶっきょうしゃ》は考えているかも知れませんが、実相世界《じっそうせかい》(実在世界)の風光はそんなものではなく、それは『法華経《ほけきょう》』の自我偈《じがげ》の中《なか》にその片鱗《へんりん》が示されている通《とお》り、現象世界《げんしょうせかい》が劫尽《こうつ》きて大火《たいか》に焼かるると見ゆる時《とき》も、「我《わ》が此土《このど》(実相世界)は安穏《あんのん》にして天人常《てんにんつね》に充満《じゅうまん》せり、園林諸々《おんりんもろもろ》の堂閣《どうかく》、種々《しゅじゅ》の宝《たから》もて荘厳《しょうごん》せり、宝樹華果《ほうじゅけか》多くして衆生《しゅじょう》の遊楽《ゆらく》する所《ところ》なり、諸天《しょてん》、天鼓《てんく》を撃《う》ちて、常《つね》に衆《もろもろ》の伎楽《ぎがく》を作《な》し、曼陀羅華《まんだらけ》を雨《あめふ》らして、仏及《ほとけおよ》び大衆《だいしゅ》に散《さん》ず」とあ

概念的 個々の特性は見ないで大まかに取りあげるさま
空々漠々 とらえどころがないさま
『法華経』 『妙法蓮華経』の略。大乗経典中最も高遠な教えが説かれているとされる
自我偈 『法華経』「如来寿量品」第十六。偈文が「自我得仏来」で始まるため「自我偈」とも呼ばれる
劫 極めて長い時間
安穏 無事安泰で穏やかなさま
園林 庭園の中の林
堂閣 立派な御殿
荘厳 おごそかに美しく飾ること
宝樹華果 極楽浄土で七宝で飾られている樹に咲く花や果実
衆生 生命ある全て
遊楽 あそび楽しむこと
天鼓 ひとりでに妙音を発するという天人が持つ太鼓。仏の説法にたとえる

る通《とお》り真《しん》に誠《まこと》に具体的な浄土こそ金剛不壊《こんごうふえ》の実在世界《じつざいせかい》であり、この実在世界の幸福祥益《こうふくしょうえき》は永劫《えいごう》に破壊《はえ》しないのでありますが「念《こころ》のレンズ」を透過《とうか》して現象《げんしょう》せる世界《せかい》は刻々《こくこく》に無常破壊《むじょうはえ》するが故《ゆえ》に、自我偈《じがげ》は続いて曰《い》っているのです――「我《わ》が浄土《じょうど》は毀《やぶ》れざるに、而《しか》も衆《しゅう》は焼《や》け尽《つ》きて、憂怖《うふ》諸《もろもろ》の苦悩《くのう》、是《かく》の如《ごと》き悉《ことごと》く充満《じゅうまん》せりと見る」と。

　想《おも》うにあなたが、「聖暗《せいあん》」といい、「大寂光《だいじゃっこう》」といい、幸福《こうふく》と不幸《ふこう》とを一緒《いっしょ》に内部《ないぶ》に包蔵《ほうぞう》しながら流転《るてん》せしむる原動力《げんどうりょく》なる「宇宙《うちゅう》の太源《たいげん》」とか「神」とかいわるるものは、実《じつ》は「現象宇宙の太源《たいげん》」であり現象宇宙《げんしょううちゅう》は背《はい》後《ご》の実在《じつざい》の光《ひかり》を受けながらも惑業《わくごう》によって流転《るてん》せるものであるが故《ゆえ》に、その太源《たいげん》とは惑業《わくごう》を含《ふく》むものであり、ショーペンハウエルのいわゆる「盲目的《もうもくてき》意志《いし》」であるのではないでしょうか。現象宇宙はかくの如《ごと》く盲目的意志なる惑業《わくごう》がレンズとなり背後に実在の燦爛《さんらん》たる光を透見《とうけん》しつつ流転《るてん》せる世界であ

曼陀羅華　天上界に咲くという霊妙な花

破壊　こわれること

憂怖　悩みや恐怖心

惑業　煩悩の迷いから生ずる行為

燦爛　光り輝いて美しいさま

透見　表に現れていない本当の姿を見抜くこと

るが故《ゆえ》に明暗混淆《めいあんこんこう》悲喜交々《ひきこもごも》の世界《せかい》たらざるを得《え》ないのであり、唯《ただ》それを聖化《せいか》して光明《こうみょう》のみの祥福《しょうふく》のみの世界にする道《みち》は、或《あるい》は真理《しんり》を知ることにより、或《あるい》は金光 教祖《こんこうきょうそ》のように「ままよ」と打ち委せた心になることにより、或《あるい》はあなたの如《ごと》く「神旨《みむね》ならば治《なお》らずともよしと打ち委せる心」になることにより「惑業《わくごう》の波《なみ》」を出来《でき》るだけ平静《へいせい》ならしむることが出来、それによって「現実顕現《げんじつけんげん》の念《ねん》の透過膜《とうかまく》」の屈折率《くっせつりつ》を比較的少《ひかくてきすくな》くすることを得《え》、従《したが》って以《もっ》て、現象世界《げんしょうせかい》の風光《ふうこう》が実在世界《じつざいせかい》(実相世界《じっそうせかい》)の微妙《みみょう》の風光に酷似《こくじ》し来《きた》り、病《やまい》は治《なお》り、祥福《しょうふく》は来《きた》り、「頼《たの》まいでもやってあるお蔭《かげ》」が「ままよという心になって得《え》られるお蔭《かげ》」や、「神旨《みむね》に委《まか》せて、一切《いっさい》の計《はか》らいを断念《だんねん》したときに於《お》いて得《え》られるお蔭」になって現《あらわ》れて来るのではないでしょうか。生長《せいちょう》の家《いえ》の世界観《せかいかん》はかくの如《ごと》きものであって、既《すで》に与えられたる実相《じっそう》の祥福《しょうふく》が現《げん》実世界《じっせかい》に招来《しょうらい》されるいわゆる「お蔭《かげ》」なるものは哲学的合理的《てつがくてきごうりてき》なるものであって、毫《ごう》も盲目的迷信的分子《もうもくてきめいしんてきぶんし》はないのであります。

悲喜交々　悲しみと喜びが交互にやってくるさま
聖化　神聖なものとすること
招来　招き寄せること
毫も　少しも。まったく
分子　部分。要素

生長《せいちょう》の家《いえ》の「光明《こうみょう》一元《いちげん》の世界観《せかいかん》」が多くの人々《ひとびと》に理解《りかい》され難《がた》いのは、多くの人《ひと》が「現象宇宙《げんしょううちゅう》」と「実在宇宙《じつざいうちゅう》」とを混淆《こんこう》し、「現象人間《げんしょうにんげん》」と「実在《じつざい》人間《にんげん》」とを混同《こんどう》し、釈迦《しゃか》が「久遠常在《くおんじょうざい》の霊鷲山《りょうじゅせん》」（実在界《じつざいかい》）を説《と》いているのに衆生《しゅじょう》は「久遠常在《くおんじょうざい》の霊鷲山《りょうじゅせん》」を見ることを得《え》ずして、「焼け尽きて憂怖《うふ》諸《もろもろ》の苦悩《くのう》 悉《ことごと》く充満《じゅうまん》せる現象世界《げんしょうせかい》」を見《み》、この世界《せかい》は「苦悩 悉《ことごと》く充満せり」と見ているのです。

ここに、衆生《しゅじょう》はどこ迄《まで》も、釈迦《しゃか》の悟《さと》りに附《つ》いて行《ゆ》くことが出来《でき》ない。釈《しゃ》迦《か》は、涅槃《ねはん》に当《あた》って、「自分《じぶん》は金剛身《こんごうしん》、不可壊身《ふかえしん》であって、病《や》むことなく、死することなきものである」と宣言《せんげん》しても、迦葉菩薩《かしょうぼさつ》は、「釈迦《しゃか》のように善《ぜん》根功徳《こんくどく》を積《つ》んで来た人《ひと》がどうして病気《びょうき》になって苦しむのですか」と問《と》う。釈《しゃ》迦《か》は肉体《にくたい》の釈迦《しゃか》を説いているのではなくて実在人間（久遠常在《くおんじょうざい》の釈迦《しゃか》）を説いているのに、迦葉《かしょう》は現象人間（肉体の釈迦《しゃか》）より以上《いじょう》に附《つ》いて行《ゆ》くことが

常在　時間の流れにかかわりなく、常に存在すること

霊鷲山　古代インドのマガダ国の首都、王舎城の東北にあった山。釈尊が『法華経』や『無量寿経』などを説いた場所とされる

涅槃　煩悩を払いのけた悟りの境地。また、釈迦の死

不可壊身　こわれることのない身

迦葉菩薩　釈迦の十大弟子の一人。頭陀（托鉢）第一と言われる。釈迦の入滅後、教団を統率し、経典を結集（けつじゅう）した

善根　よい報いを招く原因となる善い行い

出来《でき》なかったのです。

私が、「光明一元《こうみょういちげん》の世界《せかい》」を説《と》き、「病悩苦《びょうのうく》なき人間《にんげん》」を説くとき、それは「実在《じつざい》の世界」と「実在の人間」とを説いているのであって「現象《げんしょう》の世界」や「肉体《にくたい》の人間」を説いているのではないのです。「人間は神の子」というのも、それは人間の実相又《また》は本質《ほんしつ》であって、日々《ひび》その細胞《さいぼう》は死滅《しめつ》し、糞《ふん》尿涙汗等々《にょうるいかんとうとう》を排泄《はいせつ》する「肉体人間《にくたいにんげん》」を説いているのではないのです。「現《げん》象宇宙《しょううちゅう》」は一個《こ》の物質的存在《ぶっしつてきそんざい》であり、また「肉体人間」は一個の生理的存在《せいりてきそんざい》でありますから、「物質無《ぶっしつな》し」と頭《あたま》から物質及《およ》び肉体の無価値《むかち》を説いている生長《せいちょう》の家《いえ》の人間観《にんげんかん》にとっては何等大《なんらだい》なる価値《かち》を置くべきものではなく、従《したが》って物質で成立《なりた》っている現世《げんぜ》の利益《りやく》の如《ごと》きは、「生長の家」にとっては何等《なんら》価値を置くべきものではありません。しかも「物質なし、肉体なし」と否定《ひてい》し切ったとき、その否定の妙用《みょうよう》として自然《しぜん》に現世利益《げんぜりやく》の整《ととの》うのは、あなたが「神旨《みむね》ならばと委《まか》せ切ったとき」自然に病癒《やまいい》え、金光教祖《こんこうきょうそ》が「ままよと

病悩苦　病気や悩みで苦しむこと

妙用　霊妙な作用

委《まか》せ切ったとき」現世利益《げんぜりやく》が整《ととの》うと言われたのと同様《どうよう》、現象世界《げんしょうせかい》に引っからなくなると同時《どうじ》に実在世界《じつざいせかい》の「妙有《みょうう》」の自然的発現《しぜんてきはつげん》があり、実在世界は妙《たえ》なる妙々《みょうみょう》の完全円満祥福《かんぜんえんまんしょうふく》の世界《せかい》である故《ゆえ》、それが発現《はつげん》して来るのであります。かかる場合《ばあい》、私の言う「光《ひかり》があらわれれば暗《やみ》が退《しりぞ》く」という場合の「光」とは、あなたの言わるるような「相対的光《そうたいてきひかり》」ではなく、実在世界の完全円満《かんぜんえんまん》なる風光《ふうこう》（光）が顕現《けんげん》すれば相対世界《そうたいせかい》（現象世界）の不完全《ふかんぜん》なる風光がその「妙有《みょうう》」に同化《どうか》せられて、妙有《みょうう》の完全《かんぜん》さに類似《るいじ》せる状態《じょうたい》を現象《げんしょう》するという結果《けっか》になるのです。病気《びょうき》が治《なお》るという理由《りゆう》もそこにあるのです。

あなたの言わるる通《とお》り、あなたの「寂光《じゃっこう》」と私の「光明《こうみょう》」とは異《ちが》っています。「寂光《じゃっこう》」は光明一元の一歩手前《いっぽてまえ》の世界であり、現象界《げんしょうかい》を投影《とうえい》する「無明《むみょう》のレンズ」を含《ふく》んだ「現象世界の太源《たいげん》」であり、「光明一元《こうみょういちげん》の光明」とは、もう一歩「無明《むみょう》レンズ」を乗《の》り超《こ》えた実在世界の光明の風光であります。ですから、あなたの言わるる通《とお》り、あなたの場合では「寂光《じゃっこう》の宇宙《うちゅう》に

妙有　本当にあるもの

帰一《きいつ》しても暗黒《あんこく》はあり得《う》る」ことになり、私の場合《ばあい》では、「光明一元《こうみょういちげん》の宇宙《うちゅう》に帰入《きにゅう》するとき」暗黒は無論《むろん》なく、もう寂光《じゃっこう》さえもなく、寂光《じゃっこう》では表現出《ひょうげんで》来《き》ない活機臨々乎《かっきりんりんこ》たる一大活光《いちだいかっこう》の世界《せかい》のみなのです。

この論点《ろんてん》はあなたの言わるる通《とお》り、宗教上《しゅうきょうじょう》の玄人的《くろうとてき》な奥儀《おうぎ》の点《てん》の相異《そうい》であって、玄人《くろうと》にしか判《わか》ってもらえない事《こと》かも知れません。しかしあなたなら解《わか》って頂《いただ》けるかと思うのです。

昭和十一年《ねん》十一月《がつ》十八日《にち》に中外日報主催《ちゅうがいにっぽうしゅさい》、大阪中之島公会堂《おおさかなかのしまこうかいどう》での宗教《しゅうきょう》講演会《こうえんかい》に出ましたが、その講演《こうえん》の中《なか》で私は「この実相世界《じっそうせかい》は寂光《じゃっこう》というにはあまりに活機臨々《かっきりんりん》としている、空《くう》というにはあまりにも具体的《ぐたいてき》な金剛不《こんごうふ》壊《え》の世界である。現象世界《げんしょうせかい》が幻《まぼろし》の如《ごと》く稲妻《いなづま》の如《ごと》く具体性《ぐたいせい》のない儚《はかな》い世界であるにくらべて、実相《じっそう》の世界は実《じつ》に具体的な世界であり、これが『法華経《ほけきょう》』の自我偈《じがげ》に書いてある実在世界《じつざいせかい》の風光《ふうこう》である」という意味《いみ》を申《もう》しましたら、仏教者側《ぶっきょうしゃがわ》から野次《やじ》が飛んで、「仏教《ぶっきょう》を冒瀆《ぼうとく》すな！」などと妨礙《ぼうがい》がありまし

活機臨々乎　生き生きと活動する生命力がみなぎるさま
活光　「寂光」（しずかな光）に対して生き生きと輝く光の意

中外日報　『中外日報』を発行する新聞社。同紙は明治三十年に真渓涙骨が『教学報知』と題して創刊した宗教と文化の専門新聞。著者も折々に寄稿した

冒瀆　神聖なものをけがしたり、おとしめたりすること
妨礙　邪魔をすること。妨害

たが、今《いま》でも仏教者《ぶっきょうしゃ》の多くが、「実在世界《じつざいせかい》は空気《くうき》のようなエーテルのような『空《くう》』の世界《せかい》であるが故《ゆえ》に、空気やエーテルは斬《き》っても切れないが故《ゆえ》に金剛《こんごう》不壊《ふえ》である」底《てい》の説《と》き方《かた》をしているのは頗《すこぶ》る遺憾《いかん》であります。もしかくの如《ごと》きが実在世界でありますならば、実在《じつざい》に帰一《きいつ》することは空気のようにエーテルのように化《か》することになり、首でも縊《くく》って、灰《はい》もガスも残らないような最《さい》高温度《こうおんど》で焼《や》き尽《つく》してエーテル状《じょう》に粉韲《ふんさい》してもらったら実在に帰一《きいつ》したということになるのでありましょう。私はかくの如《ごと》き灰身滅智《けしんめっち》の小乗仏教《しょうじょうぶっきょう》がなお現在日本《げんざいにっぽん》に行《おこな》われていることを残念《ざんねん》に思うものであります。

新聞《しんぶん》その他《た》の広告《こうこく》のやり方《かた》が、「大衆《たいしゅう》と結縁《けちえん》するための方便《ほうべん》である」のはあなたの被仰《おっしゃ》る通《とお》り事実《じじつ》です。しかし、方便として時々強調点《ときどききょうちょうてん》が現世利益《げんぜりやく》方面《ほうめん》に置かれているにしても、広告の材料《ざいりょう》に決《けっ》して虚構《うそ》はありませぬ。大《だい》乗仏教《じょうぶっきょう》が下化衆生《げけしゅじょう》の展開《てんかい》として現世利益的施設《げんぜりやくてきしせつ》に展開し、病悩苦《びょうのうく》なき地《ち》上天国建設《じょうてんごくけんせつ》に働《はたら》き出《だ》すのは当然《とうぜん》のことであります。これは「暗《やみ》」の混入《こんにゅう》の

底の　…ほどの
遺憾　心残り。残念
粉韲　こなごなに砕くこと。粉砕
灰身滅智　身も心も無にして執着を捨てること。小乗仏教の理想とする境地
大乗仏教　「大乗」は大きな乗り物の意。個人の悟りにとどまらず、多くの人々の救いを説く教え
下化衆生　大乗の菩薩の行。下に向かってこの世の生命あるすべてを教化すること。上に向かって悟りを求める上求菩提（じょうぐぼだい）に対する語

働《はたら》きというよりも「光《ひかり》」の進軍《しんぐん》の働きです。仏教《ぶっきょう》は決《けっ》して現在《げんざい》のように寺《じ》院《いん》に籠《こも》って葬式役《そうしきやく》をしているべきでないと思います。この下化衆生的展開《げけしゅじょうてきてんかい》活動《かつどう》は、実在界《じつざいかい》に暗《やみ》を含《ふく》んでいるからではなく、「光明一元《こうみょういちげん》の光」が「現《げん》象《しょう》顕現《けんげん》の念《ねん》のレンズ」を透過《とうか》する際《さい》、暗《やみ》が自壊《じかい》しつつ、実在《じつざい》の光明が躍動《やくどう》しているところの現象《げんしょう》であると認《みと》むべきであります。

以上《いじょう》であなたのお書き下《くだ》さった諸問題《しょもんだい》について私の意見《いけん》を述《の》べました。この論文《ろんぶん》が機縁《きえん》となってあなたと同じような疑問《ぎもん》を持っていられる方《かた》に少しでもこの宗教《しゅうきょう》の玄人的《くろうとてき》な問題《もんだい》を深めて頂《いただ》ければ結構《けっこう》と思います。有難《ありがと》うございました。

機縁　きっかけ。縁

第四章　仏教《ぶっきょう》とキリスト教《きょう》とはかくして融合《ゆうごう》す

一

三業《さんごう》に仏印《ぶっちん》を表《ひょう》し、三昧《さんまい》に端坐《たんざ》するとき偏法界《へんほっかい》悉《ことごと》く悟《さと》りとなる。

（道元禅師《どうげんぜんじ》『正法眼蔵《しょうぼうげんぞう》』）

頭注版㊴七八頁

か(斯)くして　このようにして

頭注版㊴七八頁

三業　人間のあらゆる行為。身業・口業（くごう）・意業

仏印　仏そのもの

三昧　心を統一して余念のない瞑想

偏法界　あまねく全宇宙

道元禅師　正治二〜建長五年。鎌倉時代初期の禅僧。日本曹洞宗の開祖

『正法眼蔵』　道元著。日本曹洞宗の根本宗典

生命《せいめい》の実相《じっそう》の自性円満《そのままでえんまんなこと》を自覚《じかく》すれば大生命《だいせいめい》の癒力《なおすちから》が働《はたら》いてメタフィジカル・ヒーリング(神癒《しんゆ》)となります。(『生命《せいめい》の實相《じっそう》』「総説篇《そうせつへん》」)

それ誰《たれ》にても有《も》てる人《ひと》は与えられて愈々《いよいよ》豊《ゆた》かならん。然《さ》れど有《も》たぬ人は、その有《も》てる物《もの》をも取らるべし。(「マタイ伝《でん》」第《だい》十三章《しょう》十二)

聖書及《せいしょおよ》び仏典《ぶってん》は実《じつ》に無限《むげん》の神智湧出《インスピレーション》の源泉《げんせん》であります。表面《ひょうめん》からこれを見れば詭弁《きべん》や警句《けいく》がつらねてあるように見えますが、それを神智《しんち》の鍵《かぎ》をもって開《ひら》くとき滾々《こんこん》として湧《わ》き出《い》ずる神の啓示《けいじ》に接《せっ》するのであります。

「有《も》てる人」と言うのは、「既《すで》に有《も》てることを自覚《じかく》せる人」の謂《いい》であります。人間《にんげん》には「既《すで》に有《も》てる無尽蔵《むじんぞう》のもの」がある。それを『生命《せいめい》の實相《じっそう》』では「自性円満《じしょうえんまん》」と表現《かきあらわ》されているのであります。仏教《ぶっきょう》では「本来清浄《ほんらいしょうじょう》」とも、「一切衆生悉有《いっさいしゅじょうしつう》仏性《ぶっしょう》」とも、「即身成仏《そくしんじょうぶつ》」とも申《もう》すのであります。

癒力 いやす力
メタフィジカル・ヒーリング metaphysical healing 神癒。超物質的治癒。本全集第一巻「総説篇」、第二巻「實相篇」上巻第一章参照
「総説篇」 本全集第一巻三頁参照
「マタイ伝」『新約聖書』巻頭の福音書
聖書 キリスト教とユダヤ教の聖典
仏典 仏教の経典
詭弁 道理に合わないことを強引に正当化しようとする弁論
警句 真理などを巧みに述べた短い言葉
滾々 水などが盛んに湧き出るさま
啓示 真理を人間にあらわし示すこと
謂 意味。趣旨
無尽蔵 尽きないほど無限にあること
清浄 清らかでけがれのないこと

一切衆生悉有仏性《いっさいしゅじょうしつうぶっしょう》と申《もう》しますのは、すべて人間《にんげん》、生きとし生けるものは悉《ことごと》く仏《ほとけ》の本性《ほんせい》を有《も》っていると言うことです。その仏《ほとけ》の本性《ほんせい》は本来清浄《しょうじょう》、きよらかであって、罪《つみ》がなく円満《えんまん》なるもの、完全《かんぜん》なるものである。それを自《じ》性円満《しょうえんまん》と申します。自性《じしょう》すなわちそれみずからの本性《ほんしょう》が円満完全《えんまんかんぜん》であるから、病気《びょうき》になりようがない。既《すで》に無限《むげん》の善《ぜん》を有《も》っている、既《すで》に無限の完全さを有《も》っている。その既《すで》に無限の円満さをもっているにもかかわらず、それを自覚《じかく》しない、それを聖書《せいしょ》では、「有《も》たぬ人《ひと》」と書かれているのです。有《も》っていても自覚せぬと、有《も》たぬと同様《どうよう》である。人間は神の生命《いのち》（仏《ほとけ》の生命《いのち》）を有《も》っているから、既《すで》に円満完全であって病気になりようがないのに、それを自覚せぬために有《も》たぬと同様である。そう言う人はいよいよその生命力《せいめいりょく》が乏《とぼ》しくなります。（「有《も》たぬ人」はその有《も》てる物《もの》をも取らるべし）これに反《はん》して自己《じこ》の生命《せいめい》が神の生命《いのち》で本来円満完全《ほんらいえんまんかんぜん》であると知る人は、その生命《せいめい》力《りょく》はいよいよ豊《ゆた》かになるのです。即《すなわ》ち「有《も》てる人は与えられて愈々《いよいよ》豊かならん。」であります。

二

諸君《しょくん》がもし絶対健康《ぜったいけんこう》を求むれば、絶対健康の秘訣《ひけつ》は、先《ま》ず自己《じこ》が絶対健康であることを知るにある。汝《なんじ》の生命《せいめい》を今《いま》、神の生命《せいめい》なり、絶対健康なりと信ぜよ。信じかくして絶対健康として行動《こうどう》せよ。その時《とき》汝《なんじ》は絶対健康となり、病《や》める者《もの》も自癒《じゆ》するのだ。キリストの奇蹟《きせき》はこの真理《しんり》を実証《じっしょう》しているのであります。（『生命《せいめい》の實相《じっそう》』「生活篇《せいかつへん》」）

頭注版㊴七九頁

視《み》よ、十二年《ねん》血漏《ちろう》を患《わずら》いいたる女、イエスの後《うしろ》にきたりて、御衣《みころも》の総《ふさ》にさわる。それは御衣《みころも》にだに触《さわ》らば救《すく》われんと心の中《なか》にいえるなり。イエスふりかえり、女を見て言い給《たま》う「娘《むすめ》よ、心安《こころやす》かれ、汝《なんじ》の信仰《しんこう》な

自癒　自らの力で病を治すこと

血漏　婦人科系の疾患により長期間出血の止まらない症状。ながち

患いいたる　患っていた

総　糸や毛を束ねて先を散らしたもの

んじを救《すく》えり」女この時《とき》より救われたり。
（「マタイ伝《でん》」第《だい》九章《しょう》二十〜二十二）

この驚《おどろ》くべき奇蹟《きせき》が成就《じょうじゅ》したのは、一《ひと》つは患者自身《かんじゃじしん》の信仰によるのであって「汝《なんじ》の信仰汝《なんじ》を救えり」である。更《さら》にその信仰が現実的力《げんじつてきちから》となって神癒《しんゆ》を完成《かんせい》したのは、「娘よ、心安かれ」と言う言葉の力であります。かつて帝大病院《ていだいびょういん》の眞鍋嘉一郎教授《まなべかいちろうきょうじゅ》が同病院《どうびょういん》で診察《しんさつ》していたとき一人《ひとり》の老婆《ろうば》が田舎《いなか》から教授の名声《めいせい》を慕《した》って自分《じぶん》の難病《なんびょう》を治《なお》してもらいに来たのであります。眞鍋教授《まなべきょうじゅ》は型《かた》の如《ごと》く診察《しんさつ》して、処方箋《しょほうせん》を書き、「これを十日分《とおかぶん》にわけて服《の》みなさい」と言った。その老婆は一ヵ月《げつ》ほど後《のち》に、わざわざ上京《じょうきょう》して同教授《どうきょうじゅ》の許《もと》へ訪《おとず》れて、「先生《せんせい》、お蔭《かげ》さまでスッカリよくなりました」と御礼《おれい》を言った。眞鍋教授《まなべきょうじゅ》が「あの薬《くすり》はよく効《き》いたでしょう」と言うと、「先生様《せんせいさま》に頂《いただ》きましたあの紙を十日分《とおかぶん》に刻《きざ》んで服《の》みましたら、本当《ほんとう》によくき

帝大病院　旧制の東京帝国大学の附属病院

眞鍋嘉一郎教授　明治十五〜昭和十六年。東京帝大医科大学に内科物理療法学講座（眞鍋教室）を開設した。日本で初めてX線をレントゲンと呼称した。大正天皇、浜口雄幸、夏目漱石らの主治医を務めた

処方箋　医師が患者に投与する薬について記載して薬剤師に渡す文書

きました」としきりに感謝《かんしゃ》している。この老婆《ろうば》は薬剤《やくざい》を服《の》むかわりに、処《しょ》方箋《ほうせん》を服《の》んで治《なお》ったのである。まことに「汝《なんじ》の信仰《しんこう》汝《なんじ》を救《すく》えり」であります。しかし、その信仰を喚起《かんき》したのは教授《きょうじゅ》の「これを服《の》んだら治《なお》る」と言う「言葉の力《ちから》」であったのです。処方箋《しょほうせん》や、御衣《みころも》の総《ふさ》は信仰を喚起する媒体《ばいたい》になったのであります。

言葉の力で、人間《にんげん》が健康《けんこう》になるのは、人間の本来《ほんらい》が「健康」そのものであるからであります。本来内在《ないざい》している「健康」そのものも、それを自覚《じかく》せざる人《ひと》には顕《あらわ》れない。これが「有《も》たざる人は尚奪《なおうば》われる」真理《しんり》であります。健康の自覚を有《も》てば、その自覚がその表面《ひょうめん》にあらわれて健康を増進《ぞうしん》する。これが有《も》てる者《もの》は尚《なお》与えられる真理であります。

キリストは申《もう》されました。「心安《やす》かれ」と。「心安かれ」――これが、病気《びょうき》を治《なお》す最大最有効《さいだいさいゆうこう》の心の持方《もちかた》であります。心に心配《しんぱい》や恐怖《きょうふ》を一杯詰《いっぱいつ》め込《こ》んでおいて健康になろうと思うのは草の上に大きな重石《おもいし》を置きながら、その草を

喚起　よび起こすこと
媒体　なかだち

伸《の》ばそうとするようなものであります。

人間《にんげん》の生命《いのち》は本来円満完全《ほんらいえんまんかんぜん》であるのに、その円満完全さの上に色々《いろいろ》と心の迷《まよ》いの塵埃《ほこり》を以《もっ》て覆《おお》うているがためにその円満完全さが発露《はつろ》しないのであります。心の迷いの中《なか》でも最《もっと》も大《だい》なる塵埃《ほこり》は「心の不安《ふあん》・恐怖《きょうふ》」であります。多くの人《ひと》は不安と恐怖とのために地上《ちじょう》の生命《せいめい》を縮《ちぢ》めているのであります。その不安と恐怖とを取除《とりのぞ》くのは真理《しんり》の言葉によるのであって、キリストの言葉や真理を語る書物《しょもつ》の言葉は大《おお》いに効果《こうか》があるのであります。アメリカのクリスチャン・サイエンスの本や、『生命《せいめい》の實相《じっそう》』の本などは読んだだけで無《む》数《すう》の病気《びょうき》の治《なお》った治験例《ちけんれい》が発表《はっぴょう》されておりますが、これは「人間本来神の子・病気本来無《な》し」の真理が、言葉の力《ちから》をもってあらゆる方面《ほうめん》から自由自在《じゆうじざい》に説《と》いてあるために、「病気有《あ》り」と信ずる迷妄《まよい》が吹《ふ》き消《け》されて、恐怖が消え、不安が去って、雲の霽《は》れた後《あと》に輝《かがや》く満月《まんげつ》のように、明皓々《めいこうこう》と、人間本来の実相《じっそう》たる円満完全《えんまんかんぜん》さが輝《かがや》き出《い》でるからであります。

発露　表に現れ出ること

治験例　病気が治った実例

霽れる　雨がやむ。雲や霧がはれる

明皓々　明るく光るさま

三

神その創造《つく》りたる全《すべ》ての物《もの》を見給《みたま》いけるに甚《はなは》だ善《よ》かりき。
（「創世記《そうせいき》」第《だい》一章《しょう》三十一）

雲が霽《は》れて満月《まんげつ》が皓々《こうこう》と輝くのは本来《ほんらい》満月があるからであります。恐怖《きょうふ》、不安《ふあん》の迷妄《まよい》が覚《さ》めて、人間《にんげん》が健康《けんこう》になるのは人間の本来が健康だからであります。西行法師《さいぎょうほうし》も「雲晴れて後《のち》の光《ひかり》と思うなよ、もとより空に有明《ありあけ》の月」と歌っておられます。病気《びょうき》が治《なお》って始《はじ》めて健康が出て来るのではない、もとより人間の実相《じっそう》が健康であるから、迷《まよ》いが霽《は》れて「健康」が顕《で》て来《く》るのであります。宗教《しゅうきょう》と言うものはすべてこの人間の健全《けんぜん》なる「神そのもの」なる、「仏《ほとけ》そのもの」なる実相を自覚《じかく》せしむるためのものであります。

頭注版㊴八二頁

「創世記」『旧約聖書』の冒頭に収められている天地創造の物語。本全集第十九巻「万教帰一篇」上巻第一章参照

西行法師　元永元年～文治六年。平安時代末期から鎌倉時代初期の僧。歌人。俗名佐藤義清。『山家集』『聞書集』『御裳濯河歌合』等、多くの歌集や歌論書がある

「雲晴れて…」　鎌倉時代末期の禅僧の夢窓疎石の歌であるが、作者名よりも歌そのものが古歌として親しまれてきた

有明の月　夜が明けても空に残っている月

頭注版㊴八三頁

四

イエス家《いえ》にいたり給《たま》いしに、盲人《めしい》ども御許《みもと》に来《きた》りたれば、之《これ》に言いたまう。「我《われ》この事《こと》をなし得《う》と信ずるか。」彼等《かれら》いう「主《しゅ》よ、然《しか》り」ここにイエスかれらの目に触《ふ》りて言いたまう「なんじらの信仰《しんこう》のごとく汝《なんじ》らに成《な》れ」乃《すなわ》ち彼等《かれら》の目あきたり。（「マタイ伝《でん》」第《だい》九章《しょう》二十八～三十）

衆生《しゅじょう》近きを知らずして遠く求むるはかなさよ。譬《たと》えば水の中《なか》にいて渇《かつ》を叫《さけ》ぶが如《ごと》くなり。長者《ちょうじゃ》の子となりて貧里《ひんり》に迷《まよ》うに異《こと》ならず。

（白隠禅師《はくいんぜんじ》）

これは一人《ひとり》の盲人《もうじん》ではなく大量神癒《たいりょうしんゆ》の実例《じつれい》であり、言葉の力《ちから》と、目に触《ふ》

然り　その通り

貧里　貧乏な村里。また、仏法のない里

白隠禅師　白隠慧鶴。貞享二～明和五年。臨済宗中興の祖。明治十七年に明治天皇より正宗国師の諡号を賜った

れたる触覚《しょっかく》とを媒介《ばいかい》として、内在《ないざい》の信仰《しんこう》が深く啓発《けいはつ》され、多数《たすう》の盲人が悉《ことごと》く視《み》えるように癒《い》やされたのであります。何故《なぜ》癒《い》えるか、人間《にんげん》の本来《ほんらい》が「神の子」であり、健康《けんこう》であるからであります。

白隠禅師《はくいんぜんじ》も「衆生《しゅじょう》本来仏《ほとけ》なり」と言われております。『涅槃経《ねはんぎょう》』には「解脱《げだつ》をもって仏《ほとけ》とす」と言われておりまして、解脱《げだつ》すなわち、本来の自由《じゆう》自在《じざい》な生命《せいめい》の実相《ほんとのすがた》が「氷《こおり》」のように迷《まよ》いのために結ばれて本来の自由自在を失っている。その結《むす》ぼれを解《と》き脱《だっ》し、結縛《けつばく》がホドケて自由自在になった状態《じょうたい》が仏《ほとけ》であります。成仏即《じょうぶつすなわ》ち「ほとけに成《な》る」とは迷いが「ほどけ」て「人間、神の子」本来の自由自在の状態が復活《ふっかつ》せる状態になることを言うのであります。仏教《ぶっきょう》もキリスト教《きょう》もこの点《てん》に於《お》いては同一《どういつ》であります。日本《にっぽん》語源《ごげん》では、「人間・神の子」と言う意味《いみ》を、ヒト(日止《ひと》)と言い、ヒコ(日子《ひこ》)又《また》はヒメ(日女《ひめ》)と言います。日止《ひと》は大日如来《だいにちにょらい》の分霊《わけいのち》が吾々《われわれ》の生命《いのち》の中《なか》にやどっていると言う意味《いみ》であります。大《だい》日如来《にょらい》の息《むす》子が「日子」であり、大日《だいにち》

啓発　教え示して目を開かせ、知識や理解に導くこと

『涅槃経』　『大般涅槃経』の略。釈尊の亡くなる直前の説法を記した経典

結縛　結んで縛ること。また煩悩の異名

大日如来　真言宗の本尊。毘盧遮那仏。日本古来の神道では日の神である天照大御神

如来《にょらい》の息女《むすめ》が「日女《ひめ》」であります。キリスト教的《きょうてき》に言えば、人間《にんげん》は「神の子」だという意味《いみ》であります。

　人間は神の子であるのに、それを自覚《じかく》しなければ顕《あらわ》れない。それを自覚せんがために釈迦《しゃか》は六年《ねん》苦行《くぎょう》せられ、キリストは四十日《にち》四十夜《や》断食《だんじき》せられた。この種《しゅ》の苦行の意義《いぎ》は、肉体《にくたい》の否定《ひてい》ということであります。肉体に於いて、「神の子」なる生命《せいめい》が顕《あらわ》れているのであって肉体そのものが「神の子」なる生命《せいめい》ではない。だから「神の子」なる生命《せいめい》を顕《あらわ》すためには、先《ま》ず肉体を否定しなければならない。イエスの十字架《じゅうじか》は肉体否定の最後《さいご》の段階《だんかい》であります。『法華経《ほけきょう》』の「薬王菩薩本事品《やくおうぼさつほんじほん》」にも一切衆生憙見菩薩《いっさいしゅじょうきけんぼさつ》が肉体を否定して、これに火を点《てん》じて焼きつくした後《のち》に金剛不壊《こんごうふえ》の黄金《おうごん》の身《み》を生《しょう》じたとあるのは、肉体否定の最後《さいご》の段階《だんかい》を通《とお》して、人間が永遠《えいえん》の生命《せいめい》を獲得《かくとく》するとの真《しん》理《り》を神話化《しんわか》して物語《ものがたり》られたものであります。『法華経《ほけきょう》』は次の如《ごと》く語るのであります。

断食　食物を絶つ修行。キリストの四十日四十夜の断食は『新約聖書』「マタイ伝」第四章等にある

「薬王菩薩本事品」『法華経』第二十三。薬王菩薩の前世の身である一切衆生憙見菩薩の物語

　爾時《そのとき》、彼仏《かのほとけ》（日月浄明徳如来《にちがつじょうみょうとくにょらい》）一切衆生憙《いっさいしゅじょうき》見《けん》菩《ぼ》薩《さつ》、諸《もろもろ》の声聞衆《しょうもんじゅ》のために、『法華経《ほけきょう》』を説《と》きたまう。是《こ》の一切衆生憙《いっさいしゅじょうき》見《けん》菩《ぼ》薩《さつ》楽《ねが》いて苦行《くぎょう》を習い、日月浄明徳仏《にちがつじょうみょうとくぶつ》の法《ほう》の中《なか》に於《お》いて、精進経行《しょうじんきんひん》して一心《いっしん》に仏《ほとけ》を求むること万《まん》二千歳《ざい》を満《まん》じ已《お》わりて、現一切色身三昧《げんいっさいしきしんさんまい》を得《え》、此三昧《このさんまい》を得《え》已《お》わりて、心大《おお》いに歓《かん》喜《き》して……虚空《こくう》の中《なか》に於《お》いて曼陀羅華《まんだらけ》、摩訶曼陀羅華《まかまんだらけ》、細抹堅黒《さいまつけんこく》の栴檀《せんだん》を雨《あめふ》らし、虚空《こくう》の中《なか》に満《まん》じて雲の如《ごと》くにして、又海此岸《またかいしがん》の栴檀《せんだん》の香《こう》を雨《あめふ》らす。……以《もっ》て仏《ほとけ》に供養《くよう》す。是供養《このくよう》を作《な》し已《お》わりて、三昧《さんまい》より起《た》ちて、自《みずか》ら念言《ねんごん》すらく「我神力《われじんりき》を以《もっ》て仏《ほとけ》を供養《くよう》すと雖《いえど》も、身を以《もっ》て供養《くよう》せんには如《し》かじ」……香油《こうゆ》を身に塗《ぬ》り、日月浄明徳仏《にちがつじょうみょうとくぶつ》の前《みまえ》に於《お》いて、天の宝衣《ほうい》を以《もっ》て自《みずか》ら身に纏《まと》い已《お》わりて諸《もろもろ》の香油《こうゆ》を灑《そそ》ぎ、神通力《じんずうりき》の願《がん》を以《もっ》て自《みずか》ら身を燃《とも》して、光《こう》明《みょう》遍《あまね》く八十億恒河沙《おくごうがしゃ》の世界《せかい》を照《てら》す。……其身《そのみ》の火燃《も》ゆること千二百歳《さい》、是《これ》を過《す》ぎて已後其身乃《いごそのみすなわ》ち尽《つ》きぬ。……是《かく》の如《ごと》き法《ほう》の供養《くよう》を作《な》し已《お》わりて、命《みょう》

声聞衆　仏の説法の声を聞く人々

経行　坐禅などで疲労や眠気をはらうために読経しながら一定の場所を歩くこと

現一切色身三昧　人々が会いたいと願う姿をその人の前に現してその人を導くことができる能力

細抹堅黒　堅くて黒い細かな粉末

栴檀　インド産の香木。白檀（びゃくだん）の別称。香りが強く、仏像、線香、香料などに用いる

念言　心に念じて述べたことは

恒河沙　ガンジス川のすなの意より、無限の数量の例え

命終　定まった寿命が尽きて死ぬこと

終《じゅ》の後《のち》に復日月浄明徳仏《またにちがつじょうみょうとくぶつ》の国《くに》の中《なか》に生《しょう》じて、浄徳王《じょうとくおう》の家《いえ》に於《お》いて結跏趺坐《けっかふざ》して忽然《こつねん》に化生《けしょう》し、即《すなわ》ち其父《そのちち》の為《ため》に偈《げ》を説《と》く……日月浄明徳仏《にちがつじょうみょうとくぶつ》、一切衆《いっさいしゅ》生憙見菩薩《じょうきけんぼさつ》に勅《ちょく》し終《おわ》りて、夜《よる》の後分《ごぶん》に於《お》いて涅槃《ねはん》に入《い》りたまう……爾時一切《そのときいっさい》衆生憙見菩薩一切《しゅじょうきけんぼさついっさい》の大衆《だいしゅ》に語らく「汝等《なんじら》当《まさ》に一心《いっしん》に念《ねん》ずべし。我今《われいま》、日月《にちがつ》浄明徳仏《じょうみょうとくぶつ》の舎利《しゃり》を供養《くよう》せん」………即《すなわ》ち八万四千の塔《とう》の前《まえ》に於《お》いて、百福《ぶく》荘厳《しょうごん》の臂《ひじ》を燃《もや》すこと七万二千歳《さい》にして以《もっ》て供養《くよう》す。……爾時諸《そのときもろもろ》の菩薩《ぼさつ》、天《てん》、人《にん》、阿修羅等《あしゅらとう》、其臂無《そのひじな》きを見て、憂悩悲哀《うのうひあい》して是言《このごん》を作《な》さく、「此一切《このいっさい》衆生憙見菩薩《しゅじょうきけんぼさつ》は是《こ》れ我等《われら》が師《し》、我《わ》れを教化《きょうげ》したまう者《もの》なり。而《しか》するに今《いま》臂《ひじ》を焼きて身具足《しんぐそく》したまわず」時《とき》に一切衆生憙見菩薩《いっさいしゅじょうきけんぼさつ》、大衆《だいしゅ》の中《なか》に於《お》いて此《この》誓言《せいごん》を立つ「我両《われふた》つの臂《ひじ》を捨《す》てて必《かなら》ず当《まさ》に仏《ほとけ》の金色《こんじき》の身《しん》を得《う》べし。若《も》し実《じつ》にして虚《むな》しからずんば、我《わ》が両《ふた》つの臂《ひじ》をして還復《げんぷく》すること故《もと》の如《ごと》くならしめん」是誓《このちかい》を作《な》し已《おわ》りて自然《じねん》に還復《げんぷく》しぬ。（「薬王菩薩本事品《やくおうぼさつほんじほん》」）

結跏趺坐　仏や修行僧の坐法の一つ。足の甲で左右それぞれ反対側のももをおさえるすわり方

化生　仏や菩薩などが母胎によらず自然に生まれ出ること

勅す　神仏や天子が仰せになること

涅槃に入る　死ぬこと

舎利　仏の遺骨

天、人、阿修羅　この世で善い行いをした人が死後に行くとされる三善道。また、そこに住む人。地獄、餓鬼、畜生の三悪道に対して言う

具足　不足なく充分に備わっていること

還復　元の状態にかえること

五

またパンを取り謝《しゃ》してさき、弟子《でし》たちに与えて言い給《たま》う「これは汝《なんじ》らの為《ため》に与うる我《わ》が体《からだ》なり。我《わ》が記念《きねん》として之《これ》を行《おこな》え。」夕餐《ゆうげ》ののち酒杯《さかづき》をも然《しか》して言い給《たま》う「この酒杯《さかづき》は汝《なんじ》らの為《ため》に流す我《わ》が血によりて立つる新しき契約《けいやく》なり」(「ルカ伝《でん》」第《だい》二十二章《しょう》十九〜二十)

イエスの十字架《じゅうじか》は肉体《にくたい》の×《クロス》(抹殺《まっさつ》)であると同時《どうじ》に+《プラス》であり、復活《ふっかつ》であります。諸君《しょくん》の今眼《いまめ》の前《まえ》に見ている自分《じぶん》の肉体を、自分自身《じぶんじしん》であると見ている限《かぎ》りにおいて人間《にんげん》の「永遠《えいえん》の生命《せいめい》」は見出《みいだ》すことは出来《でき》ない。「永遠の生命《せいめい》」は肉体の否定《ひてい》によって、更《さら》に高次《こうじ》の肯定《こうてい》を通《とお》してのみ自覚《じかく》出来るのであります。肉体をもって「自己《じこ》」自身《じしん》であると観《み》る知恵《ちえ》は、結局《けっきょく》蛇《へび》に教《おし》

頭注版㊴八六頁

「ルカ伝」『新約聖書』四福音書の一つ。使徒パウロに同行した医師ルカがイエスの伝記を異邦人に紹介するために記録したものと言われる

えられたる「知恵《ちえ》の樹《こ》の果《み》」であって、これを食《しょく》した結果《けっか》アダムとイヴ（即《すなわ》ち「人間《にんげん》」の代表者《だいひょうしゃ》）はエデンの楽園（永遠生命《えいえんせいめい》の世界《せかい》）から追放《ついほう》せられたのであります。蛇に教えられたる「知恵の樹《こ》の果《み》」というのは、蛇は地《ち》を這《は》う動物《どうぶつ》、即《すなわ》ち物質《ぶっしつ》の表層《ひょうそう》を這《は》う感覚《かんかく》の指《ゆび》さすところの知恵、即《すなわ》ち五官知《ごかんち》で人間を見ると、人間は「土の塵《ちり》」の塊《かたまり》であって「永遠《えいえん》の生命《せいめい》」ではない。即《すなわ》ち、蛇に教えられたる人間は、神によって「汝《なんじ》は塵《ちり》なれば塵《ちり》に帰るべきなり」と、その有限《ゆうげん》の生命《せいめい》（死すべき者《もの》としての生命《せいめい》）を宣言《せんげん》されたのであります。アダムの原罪《げんざい》とは実《じつ》に、「人間」をば五官知のみによって観《み》て、それを肉体的存在《にくたいてきそんざい》と見誤《みあやま》ったことにあるのであります。その限りに於《おい》て人間は永遠の罪人《ざいにん》である。彼《かれ》は生物《せいぶつ》を殺して食《く》い、争闘《そうとう》し、殺し合い、結局《けっきょく》、罪悪《ざいあく》の結果《けっか》としてのみ生活《せいかつ》が可能《かのう》である。しかしかくの如《ごと》き罪悪感《ざいあくかん》に人間は堪《た》えることは出来ない。どうしてもこの肉体的人間、罪悪の塊であるところの人間から脱却し、超越《ちょうえつ》し、罪悪なき世界《せかい》に超入《ちょうにゅう》して、罪悪なき人間をば自己《じこ》

「知恵の樹の果」『旧約聖書』「創世記」第三章に記されている、善悪を知る木の実。本全集第十九巻「万教帰一篇」上巻第一章参照

アダムとイヴ『旧約聖書』「創世記」に記される人類の始祖

エデンの楽園『旧約聖書』「創世記」第二〜三章に描かれた楽園。神によってつくられた最初の人間アダムとイヴが住んだ。本全集第十九巻「万教帰一篇」上巻参照

「汝は塵なれば…」『旧約聖書』「創世記」第三章一九節。本全集第十九巻「万教帰一篇」上巻一三六頁参照

原罪　original sin　『創世記』第三章に記され、アダムとイヴが神にそむいて禁断の木の実を食べたという人類最初の罪

自身《そのもの》として自覚《じかく》しない限《かぎ》り、人間《にんげん》は永遠《えいえん》の自己《じこ》矛盾《むじゅん》（神聖《しんせい》を欲《ほっ》しつつ、泥土《でいど》に穢《けが》れた生活《せいかつ》をする矛盾《むじゅん》）を苦しまなくてはならない。ここに人間がこの自己矛盾から脱却《だっきゃく》して、神聖なる「神の子」として矛盾なき円満完全《えんまんかんぜん》なる本《ほん》性《せい》を自覚するためには、どうしてもこの肉体《にくたい》を否定《ひてい》しなければならない。この否定を通《とお》してのみ人《ひと》は汚《けが》れなき神聖なる霊性《れいせい》の自覚に到達《とうたつ》する。それが完遂《かんすい》せられるまでは彼《かれ》は、アダムの子孫《しそん》であり、「塵《ちり》なれば塵《ちり》に帰る」有限《ゆうげん》者《しゃ》(Mortal)たるを免《まぬが》れない。しかし、この肉体の抹殺《まっさつ》は如何《いか》にして可能《かのう》であろうか。それは自殺《じさつ》することによってであるか。かくては自己《じこ》を殺生《せっしょう》することになって「殺す勿《なか》れ」の誡《いまし》めに反《はん》するのである。然《しか》らば吾々《われわれ》はただ、キリストと繋《つな》がることによってのみ、キリストの肉を食《くら》い、血を飲み、キリストの肉と血と一体《いったい》となりつつ、キリストの肉体抹殺《にくたいまっさつ》(十字架《じゅうじか》)につながることによって、キリストの十字架《じゅうじか》と共《とも》に自己の肉体の抹殺が、現実《げんじつ》には肉体を有《も》ちつつも、完成《かんせい》されるのである。さればキリストの贖《あがな》いは二重《じゅう》の意味《いみ》を持

「殺す勿れ」「モーゼの十戒」の第六。「モーゼの十戒」は『旧約聖書』「出エジプト記」第二十章にある、モーゼがシナイ山でエホバから与えられた十ヵ条の啓示

贖い　犯した罪や過ちのつぐないをすること

つのである。それは「贖《あがな》い」（肉体《にくたい》ありとの観念《かんねん》の代贖的抹殺《だいしょくてきまっさつ》）(atonement)と、従《したが》って生《しょう》ずる神との合一《ごういつ》(at-one-ment)であります。肉体の否定《ひてい》によってのみ神との合一《ごういつ》が自覚《じかく》されるのであります。吾々《われわれ》と同じようにキリストの「贖《あがな》い」をば"at-one-ment"と説明《せつめい》している人《ひと》にクリスチャン・サイエンスの始祖《しそ》メリー・ベーカー・エディ夫人《ふじん》があります。曰《いわ》く

「贖《あがな》い」は人間《にんげん》が神と一体となることの具体的実行《ぐたいてきじっこう》であり、これによって人間は神の子としての真理《しんり》、生命《せいめい》、愛を反映《はんえい》するのである。ナザレのイエスは父と子（神と人間）との一体《いったい》なる真理を説《と》き、それを実証《じっしょう》したのである。イエスは勇敢《ゆうかん》に五官《ごかん》の示す感覚的実証《かんかくてきじっしょう》を否定し去り、唯物的誡命《ゆいぶつてきいましめ》とパリサイ的教条《てききょうじょう》とに反対《はんたい》し、彼《かれ》の神癒《しんゆ》の力《ちから》によって全《すべ》ての反対者《はんたいしゃ》に対《たい》して実際的反駁《じっさいてきはんばく》を行《おこな》ったのである。

キリストの贖《あがな》いは人間を神に和解《わかい》せしむるのであって、神を人間に和解せしめるのではない。キリストなる「神の救《すく》いの原理《げんり》」は神そのもの

代贖　キリストが万民の身代わりになって罪を償うこと。贖罪

メリー・ベーカー・エディ　Mary Baker Eddy　一八二一～一九一〇年。アメリカの宗教家。一八六六年にボストン市にクリスチャン・サイエンスを設立した。機関紙『クリスチャン・サイエンス・モニター』は世界的評価が高い

ナザレ　古代パレスチナ北部のガリラヤ地方の都市。『新約聖書』に記されたイエスの生地

パリサイ　イエスの時代のユダヤ教の一派。モーゼの律法の厳格な遵守を主張した。イエスによってその形式主義などが激しく批判された

教条　かたくなに守らなければならないとされる原理・原則

であるから、どうして神が神自身《かみじしん》を宥《なだ》めるために十字架《じゅうじか》が必要《ひつよう》であろうぞ。キリストは「真理《しんり》」であり…………（中略《ちゅうりゃく》）

キリストは即《すなわ》ち久遠《くおん》の「愛」から来生《らいしょう》した真理であるから、それ自《じ》身《しん》の本源《ほんげん》と和解《わかい》する必要《ひつよう》はないのである。それ故《ゆえ》にキリストの目的《もくてき》は人間《にんげん》を神に和解せしめるためであって神を人に和解せしむるためではなかったのである。「愛」と「真理」とは、神の実現者《じつげんしゃ》、神の具象像《ぐしょうぞう》である人間に悪意《あくい》を有《も》つことは出来《でき》ないのである。……イエスは人間に、愛（彼《かれ》の教《おし》えの根本原理《こんぽんげんり》）によって実相《じっそう》を観《み》ることを得《え》せしめ、人間を神に和解せしむることを教えたのである。愛による五官以上《ごかんいじょう》の、人間の直観《ちょっかん》によって実相を観《み》た時《とき》に、実相の法則即《ほうそくすなわ》ち神の愛の法則によって、罪《つみ》と死の物質的法則《ぶっしつてきほうそく》から人間は救《すく》われるのである。

（エディ著《ちょ》『実相と健康《サイエンス・エンド・ヘルス》』十八〜十九頁《ページ》）

来生　生まれること

直観　心の眼で物事の本質を直接とらえること

　人間《にんげん》が病気《びょうき》であるのは、人間自身《にんげんじしん》が神と和解《わかい》していないからであります。彼《かれ》は表面《ひょうめん》の心ではたとい無神論《むしんろん》であるにしても、心の奥底《おくそこ》ではこんな事《こと》で神に釈《ゆる》されるであろうかと思っているのである。だから彼の不幸《ふこう》と病気とは一種《いっしゅ》の自己処罰《じこしょばつ》だと言うことが出来《でき》るのである。肉体《にくたい》を苦しめたら罪《つみ》が消えると言う考えは人類全般《じんるいぜんぱん》の共通的潜在意識《きょうつうてきせんざいいしき》であって、この観念《かんねん》は個人《こじん》の修《しゅ》行位《ぎょうくらい》では中々《なかなか》抜《ぬ》けきらないのである。そこにイエスのような代贖者《だいしょくしゃ》が必要《ひつよう》となるのである。生《う》まれつきの病気は確《たし》かに過去世《かこぜ》（人間がこの世《よ》に生《う》まれ更《かわ》って出て来るまでの前生涯《ぜんしょうがい》）での罪悪《ざいあく》を贖《あがな》わんがための自己処罰であると言うことが出来るのである。イエスはその罪障感《ざいしょうかん》を消滅《しょうめつ》せしめることによって、生《うま》れつきの病気（盲目等《めしいとう》）を医《いや》しているのであります。

　生長《せいちょう》の家《いえ》でも生《うま》れつきの聾唖者《ろうあしゃ》が治《なお》った実例《じつれい》が数件《すうけん》ある。米国《べいこく》の在京進《ざいきょうしん》駐軍《ちゅうぐん》の電報検閲課員《でんぽうけんえつかいん》のミージョー・ジンギューエー氏《し》の話によるとハワイの生長《せいちょう》の家誌友《いえしゆう》に癒《い》やされた六歳《さい》の生《うま》れつきの聾唖者《ろうあしゃ》があったという事《こと》で

無神論　神の存在を否定する思想

自己処罰　罪悪感を消したい衝動によって、自分で自分を罰すること

罪障感　往生や成仏の妨げとなる悪い行いをしたという思い

聾唖者　耳が聞こえず言葉が話せない人

米国の在京進駐軍　大東亜戦争後に東京に置かれた連合国最高司令官総司令部（GHQ）の部隊として駐留した米国軍。総司令部は昭和二十七年四月二十八日のサンフランシスコ講和条約の発効に伴って廃止された

電報検閲課　電報の内容を事前に審査した検閲部署。GHQによる検閲は、当時は国民に知らされずに水面下で多岐にわたって行われた

ある。イエスは病人《びょうにん》を如何《いか》にして医《いや》しているかと言うと、「心安《やす》かれ」「汝《なんじ》の罪赦《つみゆる》されたり。」「御心《みこころ》なり、浄《きよ》くなれ」「汝《なんじ》の信仰《しんこう》によって救《すく》われたり」……という種類《しゅるい》の語であり、結局《けっきょく》、罪を赦《ゆる》された、救われた、浄《きよ》まった、心が平安《へいあん》になったというのであって、それに時々病者《ときどきびょうしゃ》が安心《あんしん》するために患《かん》部《ぶ》に手を触《ふ》れることを行《おこな》っていられるのであります。こうして不治《ふち》の難症《なんしょう》でも恐怖心《きょうふしん》と自己処罰《じこしょばつ》の念《ねん》がとれ真《しん》に心の平和《へいわ》が得《え》られたときに治《なお》ってしまうのであります。そうしたらその自己処罰の潜在意識《せんざいいしき》と、恐怖心はどうしたら除《と》れるでしょうか。その一《ひと》つの方法《ほうほう》は「贖《あがな》い」によってat-one-ment(神との本来一体《ほんらいいったい》)が実現《じつげん》することによってであります。しかし、自己《じこ》の無数《むすう》の罪業《ざいごう》を個々人《ここじん》の勤《つと》めはげみによって悉《ことごと》く贖《あがな》い切《き》ることは困難《こんなん》であります。それにはもっと強力《きょうりょく》な贖《あがな》いを必要《ひつよう》と致《いた》します。即《すなわ》ちイエスの「贖《あがな》い」の如《ごと》き強力なる人格者《じんかくしゃ》の贖《あがな》いが必要であります。その贖《あがな》いにつながるためには、普通《ふつう》の教会《きょうかい》キリスト教《きょう》では、キリストの肉と血とにつながり得《え》たと信じ、その信仰《しんこう》によってイエスの肉体抹殺《にくたいまっさつ》(十字架《じゅうじか》)の愛行《あいぎょう》につながり、自己自身《じこじしん》は肉体《にくたい》を有《も》ちながら、肉体に関連《かんれん》する一切《いっさい》の罪《つみ》が解除《かいじょ》されたとの自覚《じかく》から、潜在意識《せんざいいしき》の「自己処罰《じこしょばつ》」の観念《かんねん》が取除《とりのぞ》かれてしまう仕組《しくみ》になっているのでありますが、その肉体抹殺の真理《しんり》と、贖《あがな》いの真理と、それに伴《ともな》う「罪本来無《ほんらいむ》」と「自己処罰不要《ふよう》」の真理が真《しん》に理解《りかい》し徹底《てってい》していないために、現今《げんこん》の普通《ふつう》のキリスト教会《きょうかい》へ入教《にゅうきょう》するだけでは病気《びょうき》が治《なお》らないのであります。しかしクリスチャン・サイエンスではこの贖《あがな》いの真理を徹底させているから随分難《ずいぶんなん》治《ち》の病気が真理の書《しょ》を読むだけで治《なお》っている。生長《せいちょう》の家《いえ》でも本を読むだけで病気が治《なお》るというので一時問題《いちじもんだい》になったことがありますが、これらのことが可能《かのう》なのは、人間《にんげん》本来病《やま》い無《な》しの真理により、「真理は汝《なんじ》を自由《じゆう》ならしめん」でありまして、パンや葡萄酒《ぶどうしゅ》を喫食《きっしょく》する行事《ぎょうじ》の如《ごと》きは、その真理に到《とう》達《たつ》するための形式的行事《けいしきてきぎょうじ》に過《す》ぎないのであります。真《しん》に「肉体無《にくたいむ》」の真理を自覚しましたならば、肉体に附随《ふずい》する生老病死《しょうろうびょうし》の問題《もんだい》と一切《いっさい》の業苦《ごうく》は解《かい》

喫食　食事をすること

決《けつ》してしまうのであります。病気《びょうき》の解決はその一端《いったん》に過《す》ぎないのでありま
す。

六

もし汝等《なんじら》信仰《しんこう》ありて疑《うたが》わずば、啻《ただ》に此《こ》の無花果《いちじく》の樹《き》にありし如《ごと》きことを為《な》し得《う》るのみならず、此《こ》の山に「移《うつ》りて海に入《い》れ」と言うとも亦成《またな》るべし。かつ祈《いのり》のとき何《なに》にても信じて求めば、ことごとく得《う》べし。

（「マタイ伝《でん》」第《だい》二十一章《しょう》二十一〜二十二）

なんじら信仰うすき故《ゆえ》なり。誠《まこと》に汝《なんじ》らに告《つ》ぐ、もし芥種《からしだね》一粒《つぶ》ほどの信仰あらば、この山に「此処《ここ》より彼処《かしこ》に移れ」と言うとも移らん、斯《か》くて汝等《なんじら》能《あた》わぬこと無《な》かるべし。（「マタイ伝」第十七章二十）

一端　全体の一部分

頭注版㊴九一頁

啻に　単に。ただ

此の無花果の樹　イエスが実を結んでいない無花果の樹に対して今後いつまでも実がならないようにと告げるとたちまちその樹が枯れたという叙述。葉ばかり茂る樹を当時のユダヤ教の形式主義に例えたとされる

ある時《とき》、一人《ひとり》の男が癲癇《てんかん》を病《や》む自分《じぶん》の子を連《つ》れ来《きた》ってイエスの弟子《でし》たちに医《いや》されんことを求めたが、癒《い》えなかった。そこでイエスはみずからその癲癇《てんかん》の患者《かんじゃ》に憑依《ひょうい》している悪鬼《あっき》（浮浪《ふろう》の霊《れい》）を禁《いま》しめ給《たま》うたならば、直《ただち》に悪鬼《あっき》いでさり、その時からその子の癲癇《てんかん》が癒《い》えたのである。そのとき弟子たちが何故《なぜ》自分たちには彼《かれ》を癒《いや》すことが出来《でき》なかったかを問えばイエスはかく答え給《たま》うたのであります。

信仰《しんこう》があれば山でさえも移《うつ》りて海に入《い》る。無花果《いちじく》の樹《き》も信念《しんねん》ある言葉の力《ちから》によって枯《か》れたり生きたりする。況《いわ》んや病気《びょうき》を医《いや》し、または癒《い》える位《くらい》はなんでもないのであります。人間《にんげん》は先《ま》ず自己《じこ》の神性《しんせい》に自信《じしん》をもたなければならない。イエスが臨《きた》り給《たま》うた目的《もくてき》は、結局《けっきょく》、「人間は神の子」であって本来円《ほんらいえん》満完全《まんかんぜん》である。その円満完全さが、「罪《つみ》あり」「病《やまい》あり」「老衰《ろうすい》あり」「死あり」との観念《かんねん》で覆《おお》われている。その観念を取去《とりさ》るためには、罪と病と老《おい》と死

癲癇　発作的に起こる脳の機能障害。意識障害や痙攣などを主症状とする

憑依　霊がとりつくこと。憑霊

浮浪　さまよい歩くこと。さすらうこと。

況んや　まして

との根源《こんげん》である肉体《にくたい》を抹殺《まっさつ》することが必要《ひつよう》でありました。この抹殺によってのみ、人間《にんげん》は生老病死《しょうろうびょうし》の四苦《しく》を滅尽《めつじん》して永遠《えいえん》の生命《いのち》に入《い》ることが出来《でき》るのであります。そこにイエスは自己《じこ》の肉体を十字架《じゅうじか》につけてのち、復活《ふっかつ》したのであります。吾々《われわれ》も肉体を十字架《じゅうじか》につけたときに神の国《くに》に復活する。吾々《われわれ》はイエスの肉にたとえたるパンを食《く》い、イエスの血に喩《たと》えたる葡萄酒《ぶどうしゅ》を飲むとき、吾《われ》らの肉体はイエスと共同《きょうどう》の肉体と血となるのであります。そしてイエスの十字架《じゅうじか》(肉体の抹殺)と結ばれるとき、この肉体を有《も》ちながら、肉体が無《な》くなり、病《や》むことなく死することなき自由自在《じゆうじざい》な霊的生命《れいてきせいめい》に復活することが出来るのであります。

宗教《しゅうきょう》とはおよそかくの如《ごと》きものであります。肉体を有《も》ちながら肉体がない。有《も》ちながら無《な》い、財産《ざいさん》でも何《なん》でも有《も》ちながら無《な》いの境地《きょうち》にならなければ、それを自由自在に駆使《くし》することは出来ないのであります。「有《あ》る」と思えば引っかかるのであります。本当《ほんとう》に健康《けんこう》な肉体と言うものは、少しも「あ

滅尽　あとかたもないほどに消滅させること

駆使　思いのままに使いこなすこと

る」という想念《そうねん》がなしに働《はたら》いている。それは自覚的《じかくてき》には働きばかりであって、肉体《にくたい》という固定《こてい》したものは自覚出来《じかくでき》ない。生命《せいめい》は「働き」そのものであるからである。肉体という固定したものが自覚されるときには既《すで》に生命《せいめい》が停《てい》滞《たい》している。そのままに働いていない、生命《せいめい》が自己分裂《じこぶんれつ》して、観《み》る自分《じぶん》と観《み》られる自分とが対立《たいりつ》している。胃《い》があると自覚出来るときには胃の働きが悪くなっている。そのままに働いていない、働きの停滞、又《また》は渋滞《じゅうたい》と、それを眺《なが》める自分と眺められる自分とが対立している。その対立が無《な》くなって、そのままになる。生命《いのち》のそのままであり、流動《りゅうどう》そのままであり、働きそのままであり、無心《むしん》である。これが健康《けんこう》の状態《じょうたい》である。

無心にならなければ、本当《ほんとう》の生命《せいめい》のはたらきはない。有心《うしん》という奴《やつ》がくせ者《もの》である。健康《けんこう》になろうというのも有心《うしん》である。病気《びょうき》が治《なお》りたいと思うのも有心《うしん》である。この有心《うしん》が迷《まよ》いである。ただ生きる、ただ働く、いのちのそのままに生きているのが健康である。インドの聖者《せいじゃ》に、ある悩《なや》んでいる人《ひと》が、

「何故《なぜ》あの牛はあんなに楽しそうに生きているのでありますか」と訊《き》いたときに、その聖者《せいじゃ》は「牛はただ草を食《くら》いて生けるなり」と答えたそうでありますが、これは草を食《く》って生きているから楽しいというのではない。「ただ生けるなり」と傍点《ぼうてん》を附《ふ》したところが大切《たいせつ》なのであります。「ただ生きている」ならば、草を食わなくとも、何《なに》をやっていても、それがそのまま天国《てんごく》であり、エデンの楽園《らくえん》であり、極楽浄土《ごくらくじょうど》であります。「ただ」でないのが、くせ者《もの》である。それが知恵《ちえ》の樹《こ》の果《み》を食べたことになる。キリストは「汝《なんじ》ら思《おも》い煩《わずら》うこと勿《なか》れ」と言っている。思い煩うのは「ただ」ではない。ただ生きているのは幼児《おさなご》の心である。この幼児《おさなご》の心は一点《てん》の曇《くもり》もないから、天地《てんち》の心、神の心に通《つう》ずるのであります。神に和解《わかい》する心、天地に和解する心、一《いっ》切《さい》のものに和解する心になったとき、天地一切《てんちいっさい》のものは自分《じぶん》の味方《みかた》であり、自分を傷《きずつ》けることが出来《でき》ない。そこに天国が現前《げんぜん》し、浄土《じょうど》が湧出《ゆうしゅつ》し、生命《せいめい》がそのままに躍動《やくどう》し、健康《けんこう》が成就《じょうじゅ》し、家運《かうん》が栄えるのであります。

「汝ら思い患う…」『新約聖書』「マタイ伝」第六章、「ルカ伝」第十二章にあるキリストの言葉

現前　目の前にあらわれること

湧出　わき出ること

七

「まことに汝等《なんじら》に告《つ》ぐ、もし汝《なんじ》ら翻《ひるがえ》りて幼児《おさなご》の如《ごと》くならずば、天国《てんごく》に入《い》るを得《え》じ。されば誰《たれ》にても此《こ》の幼児《おさなご》のごとく己《おのれ》を卑《ひく》うする者《もの》は、これ天国にて大《おおい》なる者なり。また我《わ》が名のために、斯《かく》のごとき一人《ひとり》の幼児《おさなご》を受くる者は、我《われ》を受くるなり。」（「マタイ伝《でん》」第《だい》十八章《しょう》三〜四）

　イエス言い給《たま》う「幼児《おさなご》らを許《ゆる》せ。我《われ》に来《きた》るを止《とど》むな。天国は斯《か》くのごとき者の国《くに》なり」（「マタイ伝」第十九章十四）

治病宗教《ちびょうしゅうきょう》で有名《ゆうめい》な天理教《てんりきょう》の教祖《きょうそ》は、この教《おし》えは「ハイハイと搔《か》き上《あが》る教えじゃ」と言われたそうであります。幼児《ようじ》が素直《すなお》に、この膝《ひざ》へ来いと言われ

頭注版㊴九五頁

入るを得じ　入ることができないだろう

天理教　教派神道の一つ。天保九年、中山美伎が創始

れば、ただハイハイと父の膝《ひざ》の上へ掻《か》き上《あが》るように神の膝へ掻《か》き上《あが》るような、空《むな》しき心の者《もの》が神の国《くに》に入《い》るのであります。

「ルカ伝《でん》」には「此《こ》の幼児《おさなご》の如《ごと》く己《おのれ》を卑《ひく》うする者《もの》」と書かれております。「己《おのれ》を卑《ひく》うする者」とは「自分《じぶん》」というものを高慢《こうまん》に突張《つっぱ》らない、謙虚《けんきょ》な、素直《すなお》な、そのままの心のものであって、『旧約聖書《きゅうやくせいしょ》』で言うならば、まだ知恵《ちえ》の樹《こ》の果《み》を食べていない——楽園追放以前《らくえんついほういぜん》の人類《じんるい》の如《ごと》き者であります。そういう、自己《じこ》がカラッポな、素直に福音《ふくいん》を受け入れる者のみが救《すく》われるのであります。

福音《ふくいん》というのは「人間《にんげん》は神の子じゃ」という実相《じっそう》の福《よろこ》ばしき音信《おとずれ》でありまして、これをそのまま信ずる者が素直な幼児《おさなご》の心の者であります。「人間は神の子だから病気《びょうき》がないぞ」と教《おし》えられればそのままそれを信ずるのであります。天理教《てんりきょう》では「学者《がくしゃ》と金持《かねもち》あと廻《まわ》し」という諺《ことわざ》があります。

「ルカ伝」には… 前頁の「マタイ伝」第十八章の言葉と同様の言葉が「ルカ伝」第九章にも記されている

高慢 人よりすぐれていると思い上がっていること

『旧約聖書』 ユダヤ教、キリスト教の聖典。キリスト教ではキリスト出現の預言書として聖典に取り入れた

福音 喜びの訪れ。救済の知らせ

「天地《てんち》の主《しゅ》なる父よ、われ感謝《かんしゃ》す、此等《これら》のことを智き者《かしこきもの》、慧《さと》き者にかくして嬰児《みどりご》に顕《あらわ》し給《たま》えり。」（「マタイ伝《でん》」第《だい》十一章《しょう》二十五）

このようにキリスト教《きょう》でも学者《がくしゃ》とパリサイとはイエスによって排撃《はいげき》せられているのであります。学問《がくもん》が悪いと言うのではない、科学者《かがくしゃ》は神を知ることが出来《でき》ないと言うのではない。科学《かがく》は科学で目的《もくてき》があるが、科学というものは生命《せいめい》を全機《ぜんき》として把握《はあく》することが出来ない。

全機《ぜんき》の把握と言うのは、「全体一つ《ぜんたいひと》の機《はたらき》」として生命《せいめい》そのものを把握することなのであります。科学というものは、ものを現象面《げんしょうめん》から部分的《ぶぶんてき》に枝葉《しよう》を集めて把握する。（「科《か》」という字は「枝《えだ》」という意味《いみ》である。）即《すなわ》ち、見るところの各々《おのおの》の立場《たちば》から、その見える面《めん》だけを把握する。人間《にんげん》の周囲《しゅうい》をめぐって色々《いろいろ》の面から写真《しゃしん》を写《うつ》すようなものである。間違《まちがい》ではないけれども、その写した色々の写真をつなぎ合わせて「立体写真《りったいしゃしん》」というものを造《つく》って

嬰児　生まれたばかりの子供

全機　もののはたらきや機能の一切

立体写真　ここでは映画の映像

も、決《けっ》して生きた血のかよった人間《にんげん》そのものを把握《はあく》することは出来《でき》ないのである。生きた血の通《かよ》った人間そのものを把握するには、自分《じぶん》が生命《せいめい》そのものになって内面的《ないめんてき》にいのちの全体《ぜんたい》を把握しなければなりません。これが哲学的《てつがくてき》把握《はあく》であります。その生命《せいめい》の全的《ぜんてき》把握《はあく》を、神なる人格《じんかく》との関係《かんけい》に於《お》いて把握するのが宗教であります。いくら百万《まん》の説教《せっきょう》を悉《ことごと》く憶《おぼ》えておいても、それが宗教的《しゅうきょうてき》さとりでないのは、一切経《いっさいきょう》を悉《ことごと》く憶《おぼ》えていて口述《こうじゅつ》した阿難尊者《あなんそんじゃ》にさえも、釈迦《しゃか》は彼《かれ》をさとったとしては許《ゆる》さなかったので解《わか》るのであります。しかも仏教《ぶっきょう》の正伝《しょうでん》は、釈迦《しゃか》の揚眉瞬目拈華《ようびしゅんもくねんげ》と迦葉尊者《かしょうそんじゃ》の黙然微笑《もくねんみしょう》との間《あいだ》に感応道交《かんのうどうこう》せられたのであります。

宗教《しゅうきょう》は人間の知恵《ちえ》ではない。知恵が悪いと言うのではない。知恵を有《も》ちながら、知恵を超《こ》えたところに、生命《せいめい》の純粋《じゅんすい》把握《はあく》があるのであります。その為《ため》には吾々《われわれ》は幼児《ようじ》の心にならなければならない。幼児《ようじ》の心になると言っても、一遍《いっぺん》母の胎内《たいない》に帰って幼児《ようじ》になって出直《でなお》すというのではない。大人《おとな》のま

一切経　『大蔵経』のこと。釈迦が説いたとされる大乗仏教の経典の総称
阿難尊者　釈迦の十大弟子の一人。釈迦の教説を最もよく記憶していたので多聞第一と称せられた
正伝　正しく伝えること
揚眉瞬目拈華　釈迦が眉をあげてまばたきして金波羅華という花をひねったこと
迦葉尊者　本書一〇五頁「迦葉菩薩」に同じ
黙然微笑　黙ってにっこり笑うこと
感応道交　仏の働きかけと、それを感じ取る人の心とが通じて相交わること

まのそのままで幼児《ようじ》になるのであります。それには今《いま》まで有《も》てる全《すべ》てのものを捨《す》てて貧《まず》しき者《もの》になることが必要《ひつよう》であります。「貧しい」と言っても貧乏《びんぼう》だという意味《いみ》ではない。狡知《こうち》に於《お》いて貧しかったアダムとイヴとは無限供給《むげんきょうきゅう》のエデンの楽園《らくえん》に生活《せいかつ》していたのであります。ところが知恵《ちえ》の樹《こ》の果《み》をたべて、狡知《こうち》に於《お》いて富《と》んで来ると、却《かえ》って無限供給のエデンの楽園から追放《ついほう》せられたのであります。

八

幸福《さいわい》なるかな、心の貧しき者。天国《てんごく》はその人《ひと》のものなり。

（「マタイ伝《でん》」第《だい》五章《しょう》三）

爰《ここ》にパリサイ人《びと》にて名をニコデモという人《ひと》あり、ユダヤ人《びと》の宰《つかさ》なり。

狡知　ずるがしこい考え。悪知恵

頭注版㊴九八頁

ニコデモ　『新約聖書』「ヨハネ伝」に記されているユダヤ人学者。イエスに反対するパリサイ派の一人。ひそかにイエスを訪れて問答した

宰　大臣・宰相・地方長官など、とりしきる地位にある人

夜《よる》イエスの許《もと》に来《きた》りて言う、「ラビ、我《われ》らは汝《なんじ》の神より来《きた》る師《し》なるを知る。神もし偕《とも》に在《いま》さずば、汝《なんじ》が行《おこな》うこれらの徴《しるし》は誰《たれ》もなし能《あた》わぬなり。」イエス答えて言い給《たま》う、「まことに誠《まこと》に汝《なんじ》に告《つ》ぐ、人《ひと》あらたに生《うま》れずば、神の国《くに》を見ること能《あた》わず。」ニコデモ言う、「人はや老いぬれば、争《いか》で生《うま》る事《こと》を得《え》んや、再《ふたた》び母の胎《たい》に入《い》りて生《うま》るることを得《え》んや。」イエス答え給《たま》う、「まことに誠《まこと》に汝《なんじ》に告《つ》ぐ、……肉によりて生《うま》るる者《もの》は肉なり、霊《れい》によりて生《うま》るる者は霊《れい》なり。なんじら新《あらた》に生《うま》るべしと我《わ》が汝《なんじ》に言いしを怪《あや》しむな。風は己《おの》が好《この》むところに吹《ふ》く、汝《なんじ》その声《こえ》を聞けども、何処《いずこ》より来《きた》り何処《いずこ》へ往《ゆ》くを知らず。すべて霊《れい》によりて生《うま》るる者《もの》も斯《か》くのごとし。」ニコデモ答えて言う、「いかで斯《かか》る事《こと》どものあり得《う》べき」イエス答えて言い給《たま》う、「なんじはイスラエルの師《し》にして猶《なお》かかる事どもを知らぬか。誠《まこと》にまことに汝《なんじ》に告《つ》ぐ、我《われ》ら知ることを語り、また見しことを証《あかし》す、然《しか》るに汝《なんじ》らその証《あかし》を受けず。われ地《ち》のことを言うに汝《なんじ》ら信ぜず

ラビ rabbi ヘブライ語。「我が師」の意。ユダヤ教の聖職者。ユダヤ教徒の宗教的・精神的指導者

争で…や どうして…できるだろうか。いや、できない

ば、天《てん》のことを言わんに争《いか》で信ぜんや。天より降《くだ》りし者《もの》、即《すなわ》ち人《ひと》の子の他《ほか》には、天に昇《のぼ》りし者なし。」（「ヨハネ伝《でん》」第三章《だいしょう》一～十三）

「肉によりて生《うま》るる者《もの》は肉なり」とイエスは言い給《たま》うているのであります。この肉体《にくたい》を「人間《にんげん》」そのものだと思っていて、それを新《あら》たに生《うま》れ更《かわ》らせようと思っても、依然《いぜん》として肉によりて生《うま》るる者は肉なのであります。吾々《われわれ》が神の国《くに》に入《い》るためには、（神の国に病人《びょうにん》などはない。）自己自身《じこじしん》が肉でないという自覚《じかく》に立復《たちかえ》ることが必要《ひつよう》なのであります。「知恵《ちえ》の樹《こ》の果《み》」即《すなわ》ち五官知《ごかんち》にまどわされて「汝《なんじ》は塵《ちり》なれば塵《ちり》に帰るべきなり」と宣告《せんこく》せられた原罪《げんざい》後《ご》の人間から脱却《だっきゃく》して、イエスのいわゆる「天《てん》より降《くだ》りし者」（即《すなわ》ち神聖降誕《しんせいこうたん》なる人間）たる自覚に立帰《たちかえ》るにはどうしても、「肉なる存在《そんざい》」としての人間の自覚（「肉より生《うま》れし者は肉なり」）から脱却しなければならないのであります。それには何《なん》らかの形式《けいしき》で肉体の否定《ひてい》をしなければならない。イエスの磔殺《はりつけ》を通《とお》してイエスの贖《あがな》いを信じて、イエスの肉体抹殺《にくたいまっさつ》と一体《いったい》につながる自《じ》覚《かく》によって、自己《じこ》の肉体《にくたい》の一切《いっさい》の罪《つみ》が消えたと信じて、霊《れい》なる自分《じぶん》に復活《ふっかつ》することも一《ひと》つの方法《ほうほう》であります。或《あるい》は「人間《にんげん》は神の子だ」と言う直接体験《ちょくせつたいけん》の真理《しんり》をそのまま幼児《おさなご》の心になって信ずることもその一つの方法でありま す。或《あるい》は「物質本来無《ぶっしつほんらいなし》」という新興物理学《しんこうぶつりがく》の理論《りろん》を基礎《きそ》として「肉体本来《にくたいほんらい》 無《なし》」を悟《さと》る近代的哲学《きんだいてきてつがく》で悟ることも一つの方法であります。

イエスの説 教《せっきょう》の仕方《しかた》は直接体験の直 接説法《ちょくせつせっぽう》でありましたから「吾《われ》ら知ることを語り、見しことを証《あかし》す」と言っていられるのであります。人間が神の子であり、霊的存在《れいてきそんざい》であるということは自内 証《じないしょう》の真理であります。それは哲学的《てつがくてき》に理論《りろん》で追いつめて行《ゆ》く方法《ほうほう》（谷口哲学《たにぐちてつがく》、又《また》はヘーゲル哲学《てつがく》の如《ごと》き）もありますが、どうしてもそれが単《たん》なる哲学に止《とど》まっていては、富士山《ふじさん》の周囲《しゅうい》から眺《なが》めて行《ゆ》く方法であって、富士山そのものの頂 上《ちょうじょう》を踏破《とうは》したようにはハッキリ、生命《せいめい》の頂上に出て一点《てん》の曇《くもり》なき青空を仰《あお》ぐようには生命《せいめい》をつかみ

新興物理学　二十世紀以降の物理学。相対性理論および量子力学以降の物理学。現代物理学

自内証　自己の内心の悟り
谷口哲学　著者の説く「生命の実相」哲学
ヘーゲル哲学　ドイツ観念論の完成者ヘーゲルの哲学。本全集第五十六巻「下化衆生篇　哲学の実実践」第一章参照
踏破　困難な道を歩き通すこと

得《え》ないのであります。そこで生命《せいめい》の本性《ほんせい》の絶対認識《ぜったいにんしき》には宗教的直接把握《しゅうきょうてきちょくせつはあく》が必要《ひつよう》なのであります。次に掲《かか》ぐるヨハネの言葉の如《ごと》きは生命《せいめい》の直接把握であります。

太初《はじめ》より有《あ》りし所《ところ》のもの、我《われ》らが聞きしところ、目にて見し所、つらつら視《み》て手触《さわ》りし所のもの、即《すなわ》ち生命《いのち》の言葉につきて、——この生命《いのち》すでに顕《あらわ》れ、われら之《これ》を見て証《あかし》をなしその曾《かつ》て父と偕《とも》に在《いま》して今《いま》われらに顕《あらわ》れ給《たま》える永遠《とこしえ》の生命《いのち》を汝《なんじ》らに告《つ》ぐ、……我《われ》らが彼《かれ》より聞きて、また汝《なんじ》らに告ぐる音信《おとずれ》は是《これ》なり、即《すなわ》ち神は光にして少しの暗き所なし。

（「ヨハネ第《だい》一書《しょ》」第一章《しょう》）

病《や》める者《もの》よ、「神は光《ひかり》にして少しの暗き所なし」この言葉を瞑目《めいもく》して十遍《ぺん》、百遍、千遍となえよ、おのずから自己《じこ》の身辺《しんぺん》光にて満《み》ち、天国浄土《てんごくじょうど》こ

ヨハネ　十二使徒の一人。『新約聖書』中の「ヨハネ伝」「ヨハネ黙示録」などの著者とされる

太初　天地の開けたはじめ

つらつら　つくづくと

「ヨハネ第一書」『新約聖書』中の一書。公同書簡とよばれる書簡集の一つ

ここにありとの観念《かんねん》が生《うま》れて来るに相違《そうい》ないのであります。病《や》める者《もの》も、健康《けんこう》なる者も、悩《なや》める者も、悩まざる者も、この言葉を瞑目《めいもく》して唱《とな》えよ。神は単《たん》に病める者のみの神ではないからであります。かくの如《ごと》き真理《しんり》の言葉を繰返《くりかえ》し唱える時《とき》、言葉の力《ちから》にて次第《しだい》に存在《そんざい》の実相《じっそう》が「光明《こうみょう》そのものであって少しも暗き所無《な》き」事実《じじつ》がハッキリ自覚《じかく》されて来るのであります。光明思想《こうみょうしそう》と私が名付《なづ》けたところのものは、この「神は光《ひかり》にして少しの暗きところなし」という直接体験《ちょくせつたいけん》の宗教的真理《しゅうきょうてきしんり》であって、人間《にんげん》は神の子であるから「少しも暗きところなし」であり、随《したが》って罪《つみ》もなければ病《やま》いもなく、また不幸災難《ふこうさいなん》もないのであります。神はこの真理を神の子なる人間に知らせたいが、人間は五官知《へびのちえ》によって実相覚《じっそうかく》を失い、（即《すなわ》ちエデンの楽園追放状態《らくえんついほうじょうたい》にいて）人間をただの肉体《にくたい》だと思っていて、どうしても、人間が本来《ほんらい》罪なき無病《むびょう》の光明的霊的存在《こうみょうてきれいてきそんざい》だということを悟《さと》らないのであります。

イエスはこれを嘆《なげ》いて次のように言っておられます。

実相覚　実相を知る力。本全集第四巻「実相篇」下巻第十章参照

なんじら聞きて聞けども悟《さと》らず、見て見れども認《みと》めず、此《こ》の民《たみ》の心は鈍《にぶ》く、耳は聞くに懶《ものう》く、目は閉じたればなり。

（「マタイ伝《でん》」第《だい》十三章《しょう》十四〜十五）

吾々《われわれ》は「聞きて聞かず、見て認めざる」五官《ごかん》の感覚《かんかく》を先《ま》ず否定《ひてい》し去らなければ、生命《せいめい》の実相《ほんとのすがた》も、存在《そんざい》の実相《ほんとのすがた》も、真に見、真に知ることが出来《でき》ないのであります。どんなに病気《びょうき》のために肉体《にくたい》が、内臓《ないぞう》が、皮膚《ひふ》が、骨《ほね》が、腐《ふ》爛《らん》しているように見えようとも、吾々《われわれ》は五官感覚《ごかんかんかく》のこのような証明《しょうめい》を信じてはならないのであります。現象《げんしょう》は「現《あらわ》れの象《すがた》」であって、それは存在の実相《じっそう》ではない。真理《しんり》は仏教《ぶっきょう》もキリスト教《きょう》も一《ひと》つであります。『法華経《ほけきょう》』にあるように「衆生劫《しゅじょうこう》尽《つ》きて此《こ》の世《よ》の焼くると見るときもわが浄土は安穏なり」であります。この世が諸君《しょくん》の眼《め》の前《まえ》で壊滅《かいめつ》し去り、見渡《みわた》す限《かぎ》り焼《や》け野原《のはら》

懶い　気が進まずおっくうであるさま

腐爛　ただれて腐ること

に見えようとも、それは現象《げんしょう》であって、実在《じつざい》の実相《じっそう》ではない。吾々《われわれ》は神を信じなければならないし、神の造《つく》り給《たま》いしところの実在世界《じつざいせかい》の完全《かんぜん》に美《うる》わしく妙《たえ》なる実相と、そこに住む人間《にんげん》そのものの完全に健康《けんこう》にして豊《ゆた》かなる実相を知らなければならないのであります。それには五官《ごかん》の感覚《かんかく》と人間知《にんげんち》とが邪魔《じゃま》するのであります。けれども「肉なる人間」より「霊《れい》なる人間」へ、「病《や》み且《か》つ死する人間」より「絶対無病《ぜったいむびょう》にして不死《ふし》なる久遠人間《インモータル・マン》」へ生《うま》れ更《かわ》り而《しか》して復活《ふっかつ》するためには五官の証明《しょうめい》を「ウソだ」「仮妄《けもう》だ」「虚仮不実《こけふじつ》だ」と否定《ひてい》し去り、肉眼《にくがん》に見えなくとも、神の造《つく》り給《たま》うたそのままの世界《せかい》が光明《こうみょう》に満《み》ち、神の造りたまえるそのままの人間が、円満無病《えんまんむびょう》完全《かんぜん》なる霊《れい》なる久《く》遠人間《おんにんげん》であることを先《ま》ず信じなければならないのであります。

諸君《しょくん》は五官の証明を、肉体《にくたい》の証明を、真実《しんじつ》だと思いがちであるが、これは全《まった》くウソの事《こと》である。御覧《ごらん》なさい、五官には太陽《たいよう》は朝な朝な東より西へ出《い》でると見えるけれども、実相は太陽が出るのではない。地球《ちきゅう》がその逆方向《ぎゃくほうこう》

インモータル・マン　immortal man 不滅の人間
而して　そうして
仮妄　仮のいつわりのもの
虚仮不実　親鸞聖人の和讃『正像末和讃』所収「愚禿悲歎述懐」にある言葉。うそ。いつわり

に自転《じてん》しているのではありませんか。肉体《にくたい》に病気《びょうき》があるように見え、諸君《しょくん》の運命《うんめい》に不幸《ふこう》があるように見えるのもその如《ごと》く、想念《そうねん》の波《なみ》が反映《はんえい》してそう見えるだけであって、想念を変化《へんか》したならば、不幸は消え、病気は消える。消えるほかに仕方《しかた》がない。しかし吾々《われわれ》の想念はどうしても、五官《ごかん》の印象《いんしょう》を基《もと》にして組立《くみた》てられ易《やす》いから、眼《め》に見える不完全《ふかんぜん》なる姿《すがた》を非存在《ひそんざい》として否定《ひてい》することと、「人間《にんげん》・神の子」の真理《しんり》を教《おし》えられるままに幼児《おさなご》の心で信ずることが必要《ひつよう》であります。イエスは、幼児《ようじ》の心で「完全久遠人間《かんぜんくおんにんげん》の実相《じっそう》」を悟《さと》ることを躓《つまず》かす場合《ばあい》にはむしろその「眼《め》を抜《ぬ》きて棄《す》てよ」とまで極言《きょくげん》していられるのである。肉体の否定《ひてい》、五官知《ごかんち》の抹殺《まっさつ》こそ、実相智《じっそうち》に復帰《ふっき》する鍵《かぎ》であります。それで見えると思っている肉眼《にくがん》を抉《えぐ》り棄《す》て、これこそ幼児《おさなご》の智慧《ちえ》(実《じっ》相智《そうち》)の獲得《かくとく》の唯一《ゆいいつ》の条件《じょうけん》だとイエスは言っておられるのであります。

「眼を抜きて棄てよ」　『新約聖書』「マタイ伝」第五章二九節のイエスの言葉

極言　極端に言うこと

光明思想社の本

第三十三巻 自伝篇 神示を受くる迄（下）
聖詩篇 生長の家の歌
第三十四巻 聖語篇 智慧の言葉
聖経『甘露の法雨』講義
第三十五巻 経典篇 聖経『天使の言葉』講義（上）
聖経『甘露の法雨』講義
第三十六巻 経典篇 聖経『天使の言葉』講義（下）
第三十七巻 常楽篇 久遠常楽の生活
参考篇 心が肉体に及ぼす力
第三十八巻 質疑篇 真理の応用及び拾遺
第三十九巻 教育実践篇 人間を作る法（上）
第四十巻 教育実践篇 人間を作る法（中）
第四十一巻 教育実践篇 人間を作る法（下）
第四十二巻 久遠仏性篇 常楽宗教の提唱（上）
第四十三巻 久遠仏性篇 常楽宗教の提唱（中）
久遠仏性篇 常楽宗教の提唱（下）
第四十四巻 真理体験篇 近眼・色盲等は治るか
第四十五巻 女性教育篇 母・妻・娘の聖書（上）
第四十六巻 女性教育篇 母・妻・娘の聖書（下）
第四十七巻 児童教育篇 子供への光

第四十八巻 聖典講義篇 山上の垂訓の示す真理
第四十九巻 宗教戯曲篇 耶蘇伝・釈迦と維摩詰・月愛三昧（上）
第五十巻 宗教戯曲篇 耶蘇伝・釈迦と維摩詰・月愛三昧（中）
第五十一巻 宗教戯曲篇 耶蘇伝・釈迦と維摩詰・月愛三昧（下）
第五十二巻 随喜篇 把住と放行（上）
第五十三巻 随喜篇 把住と放行（下）
第五十四巻 道場篇 弁道聴き書き（上）
第五十五巻 道場篇 弁道聴き書き（下）
第五十六巻 下化衆生篇 哲学の実践
第五十七巻 幸福生活篇 幸福生活への根本真理
第五十八巻 功徳篇 宝樹華果多し
第五十九巻 幸福篇 日輪めぐる（上）
第六十巻 幸福篇 日輪めぐる（中）
第六十一巻 幸福篇 日輪めぐる（下）
第六十二巻 仏教篇 いのちの解脱（上）
（以下続刊）
第六十三巻 仏教篇 いのちの解脱（下）
第六十四巻 家庭教育篇 家庭と教育の基礎（上）
第六十五巻 家庭教育篇 家庭と教育の基礎（下）

各巻定価 1,676円（本体1,524 円+税10%）

定価は令和六年四月一日現在のものです。品切れの際はご容赦ください。
小社ホームページ http://www.komyoushisousha.co.jp/

新編《しんぺん》 生命《せいめい》の實相《じっそう》 第六十二巻 仏教篇《ぶっきょうへん》

いのちの解脱《げだつ》（上）

令和六年四月二十日 初版発行

著 者 谷口雅春《たにぐちまさはる》

責任編集 公益財団法人 生長の家社会事業団
谷口雅春著作編纂委員会

発行者 白水春人

発行所 株式会社 光明思想社
〒一〇三―〇〇〇四
東京都中央区東日本橋二―二七―九 初音森ビル10F
電話〇三―五八二九―六五八一
郵便振替〇〇一二〇―六―五〇三〇二八

装幀 松本 桂
本文組版 ショービ
印刷・製本 TOPPAN株式会社
カバー・扉彫刻 服部仁郎作「神像」©Iwao Hattori,1954

ISBN978-4-86700-053-3

第六十二巻索引

＊頻度の多い項目は、その項目を定義、説明している箇所を主に抽出した。
＊関連する項目は→で参照を促した。
＊一つの項目に複数の索引項目がある場合は、一部例外を除き、一つの項目にのみ頁数を入れ、他の項目には→のみを入れ、矢印で示された項目で頁数を確認できるよう促した。(例　「仏の愛」「慈悲の光」等)

〔う〕

〔え〕

〔お〕

〔か〕

〔き〕

〔く〕

〔け〕

〔こ〕

〔さ〕

〔し〕

〔す〕

〔せ〕

〔そ〕

〔た〕

〔ち〕

〔つ〕

〔て〕

〔ね〕

〔の〕

〔は〕

〔へ〕

〔ほ〕

〔ま〕

〔み〕

〔む〕

〔ら〕

〔り〕

〔る〕

〔れ〕

〔ろ〕

〔わ〕

箴言・真理の言葉

「ああ、このまま有難いのである。ここに久遠の生命(いのち)が生きているのである。ああ有難い、有難い」 25
「贖(あがな)い」は人間が神と一体となることの具体的実行であり、これによって人間は神の子としての真理、生命、愛を反映するのである。ナザレのイエスは父と子(神と人間)との一体なる真理を説き、それを実証したのである。イエスは勇敢に五官の示す感覚的実証を否定し去り、唯物的誡命(いましめ)とパリサイ的教条とに反対し、彼の神癒(しんゆ)の力によって全ての反対者に対して実際的反駁(はんばく)を行ったのである。 127
「あの野原に生い茂っているところの草は、吾々を生かそうとしてそこに生(は)え出ているんだ。牛を生かし、羊を生かし、仔牛(こうし)を生かし、仔羊(こひつじ)を生かし、更にまた人間をも生かさずにおかない神の恵み、天地の恵みが廻向(えこう)してそこに雑草として萌出(もえで)ているのだ」 56
イエス言い給(たま)う「幼児(おさなご)らを許せ。我(われ)に来(きた)るを止(とど)むな。天国は斯(か)くのごとき者の国なり」 137
イエス家にいたり給(たま)いしに、盲人(めしい)ども御許(みもと)に来(きた)りたれば、之(これ)に言いたまう。「我(われ)この事をなし得(う)と信ずるか。」彼等いう「主よ、然(しか)り」ここにイエスかれらの目に触(ふ)りて言いたまう「なんじらの信仰のごとく汝らに成れ」乃(すなわ)ち彼等の目あきたり。 119
「生かし合いの世界だ」 70
「牛はただ草を食(くら)いて生けるなり」 136
「有情非情同時成道、山川草木国土悉皆成仏」 60
「学者と金持あと廻し」 138
神その創造(つく)りたる全ての物を見給いけるに甚だ善かりき。 118
「神の国は汝の内にあり」 X
「神は光にして少しの暗き(ところ、所)なし」 145,146
キリストは即ち久遠の「愛」から来生(らいしょう)した真理であるから、それ自身の本源と和解する必要はないのである。それ故にキリストの目的は人間を神に和解せしめるためであって神を人に和解せしめるためではなかったのである。「愛」と「真理」とは、神の実現者、神の具象像(ぐしょうぞう)である人間に悪意を有(も)つことは出来ないのである。……イエスは人間に、愛(彼の教えの根本原理)によって実相を観ることを得せしめ、人間を神に和解せしむることを教えたのである。愛による五官以上の、人間の直観によって実相を観た時に、実相の法則即ち神の愛の法則によって、罪と死の物質的法則から人間は救われるのである。 128
「苦行(くぎょう)も悟りの因(たね)にあらず」 52
「雲晴れて後の光と思うなよ、もとより空に有明の月」 118
「解脱(げだつ)をもって仏とす」 120
「決してこれは殺し合いの世界ではない、生かし合いの世界である」 56
爰(ここ)にパリサイ人(びと)にて名をニコデモという人あり、ユダヤ人(びと)の宰(つかさ)なり。夜イエスの許(もと)に来(きた)りて言う、「ラビ、我らは汝の神より来(きた)る師なるを知る。神もし偕(とも)に在(いま)さずば、汝が行うこれらの徴(しるし)は誰もなし能(あた)わぬなり。」イエス答えて言い給(た

ま)う、「まことに誠に汝に告ぐ、人あらたに生(うま)れずば、神の国を見ること能(あた)わず。」ニコデモ言う、「人はや老いぬれば、争(いか)で生(うま)るる事を得んや、再び母の胎(たい)に入りて生(うま)るることを得んや。」イエス答え給(たま)う、「まことに誠に汝に告ぐ、……肉によりて生(うま)るる者は肉なり、霊によりて生(うま)るる者は霊なり。なんじら新(あらた)に生(うま)るべしと我が汝に言いしを怪しむな。風は己(おの)が好むところに吹く、汝その声を聞けども、何処(いずこ)より来(きた)り何処(いずこ)へ往(ゆ)くを知らず。すべて霊によりて生(うま)るる者も斯(か)くのごとし。」ニコデモ答えて言う、「いかで斯(かか)る事どものあり得べき」イエス答えて言い給(たま)う、「なんじはイスラエルの師にして猶(なお)かかる事どもを知らぬか。誠にまことに汝に告ぐ、我ら知ることを語り、また見しことを証(あかし)す、然(しか)るに汝らその証(あかし)を受けず。われ地のことを言うに汝ら信ぜずば、天のことを言わんに争(いか)で信ぜんや。天より降(くだ)りし者、即ち人の子の他(ほか)には、天に昇りし者なし。」 141〜143
「心安かれ」 116,130
「この実相世界は寂光(じゃっこう)というにはあまりに活機臨々(かっきりんりん)としている、空(くう)というにはあまりにも具体的な金剛不壊(こんごうふえ)の世界である。現象世界が幻の如く稲妻の如く具体性のない儚(はかな)い世界であるにくらべて、実相の世界は実に具体的な世界であり、これが『法華経』の自我偈(じがげ)に書いてある実在世界の風光である」 108
幸福(さいわい)なるかな、心の貧しき者。天国はその人のものなり。 141
三業(さんごう)に仏印(ぶっちん)を表し、三昧(さんまい)に端坐(たんざ)するとき徧法界(へんほっかい)悉(ことごと)く悟りとなる。 111
山川草木獣虫魚介(さんせんそうもくじゅうちゅうぎょかい)悉(ことごと)く仏の姿である。 72
「自分の生命(いのち)は已(すで)に神様から与えられた生命(いのち)である。もし神様が自分を生かしておこうとお考えになるならば、これで生かして下さるのである。またもしこのまま死ぬ方がいいのであるならば、妾(わたし)は喜んで死なして戴きます」 36
「自分は金剛身、不可壊身(ふかえしん)であって、病むことなく、死することなきものである」 105
「衆生劫(こう)尽きて此の世の焼くると見るときも、わが浄土は安穏(あんのん)なり」 147
衆生近きを知らずして遠く求むるはかなさよ。譬(たと)えば水の中にいて渇を叫ぶが如くなり。長者の子となりて貧里に迷うに異ならず。 119
「衆生本来仏なり」 120
諸君がもし絶対健康を求むれば、絶対健康の秘訣は、先ず自己が絶対健康であることを知るにある。汝の生命を今、神の生命なり、絶対健康なりと信ぜよ。信じかくして絶対健康として行動せよ。その時汝は絶対健康となり、病める者も自癒(じゆ)するのだ。キリストの奇蹟はこの真理を実証しているのであります。 114
「真理は汝を自由ならしめん」 Ⅸ,131
生命の実相の自性円満(そのままでえんまんなこと)を自覚すれば大生命の癒力(なおすちから)が働いてメタフィジカル・ヒーリング(神癒(しんゆ))となります。 112

爾時(そのとき)、彼仏(かのほとけ)(日月浄明徳如来)(にちがつじょうみょうとくにょらい)一切衆生憙見菩薩(いっさいしゅじょうきけんぼさつ)、諸(もろもろ)の声聞衆(しょうもんじゅ)のために、『法華経』を説きたまう。是(こ)の一切衆生憙見菩薩楽(ねが)いて苦行を習い、日月浄明徳仏の法の中に於て、精進経行(しょうじんきんひん)して一心に仏を求むること万二千歳を満じ已(おわ)りて、現一切色身三昧(げんいっさいしきしんさんまい)を得、此三昧(このさんまい)を得已(えおわ)りて、心大いに歓喜して……虚空の中に於て曼陀羅華(まんだらけ)、摩訶(まか)曼陀羅華、細抹堅黒(さいまつけんこく)の栴檀(せんだん)を雨(あめふ)らし、虚空の中に満じて雲の如くにして、又海此岸(かいしがん)の栴檀(せんだん)の香(こう)を雨(あめふ)らす。………以て仏に供養す。是(この)供養を作(な)し已(おわ)りて、三昧(さんまい)より起ちて、自ら念言(ねんごん)すらく「我(われ)神力(じんりき)を以て仏を供養すと雖(いえ)ども、身を以て供養せんには如(し)かじ」………香油(こうゆ)を身に塗り、日月浄明徳仏の前(みまえ)に於て、天の宝衣(ほうい)を以て自ら身に纏(まと)い已(おわ)りて諸(もろもろ)の香油を灑(そそ)ぎ、神通力(じんずうりき)の願(がん)を以て自ら身を燃(とも)して、光明遍(あまね)く八十億恒河沙(ごうがしゃ)の世界を照す。………其身(そのみ)の火燃(も)ゆること千二百歳、是(これ)を過ぎて已後(いご)其身(そのみ)乃(すなわ)ち尽きぬ。……是(かく)の如き法の供養を作(な)し已(おわ)りて、命終(みょうじゅ)の後に復(また)日月浄明徳仏の国の中に生じて、浄徳王の家に於て結跏趺坐(けっかふざ)して忽然(こつねん)に化生(けしょう)し、即ち其(その)父の為に偈(げ)を説く……日月浄明徳仏、一切衆生憙見菩薩に勅(ちょく)し終りて、夜の後分(ごぶん)に於て涅槃(ねはん)に入(い)りたまう……爾時(そのとき)一切衆生憙見菩薩一切の大衆(だいしゅ)に語らく「汝等当(まさ)に一心に念ずべし。我(われ)今、日月浄明徳仏の舎利(しゃり)を供養せん」………即ち八万四千の塔の前に於て、百福荘厳(しょうごん)の臂(ひじ)を燃(もや)すこと七万二千歳にして以て供養す。……爾時(そのとき)諸(もろもろ)の菩薩、天、人(にん)、阿修羅(あしゅら)等、其臂(そのひじ)無きを見て、憂悩(うのう)悲哀して是言(このごん)を作(な)さく、「此(この)一切衆生憙見菩薩は是(こ)れ我等が師、我れを教化(きょうげ)したまう者なり。而(しか)するに今臂(ひじ)を焼きて身具足(しんぐそく)したまわず」時に一切衆生憙見菩薩、大衆(だいしゅ)の中に於て此(この)誓言(せいごん)を立つ「我(われ)両(ふた)つの臂(ひじ)を捨てて必ず当(まさ)に仏の金色の身を得べし。若(も)し実にして虚(むな)しからずんば、我(わ)が両(ふた)つの臂(ひじ)をして還復(げんぷく)すること故(もと)の如くならしめん」是誓(このちかい)を作(な)し已(おわ)りて自然(じねん)に還復(げんぷく)しぬ。 122〜123

それ誰にても有(も)てる人は与えられて愈々(いよいよ)豊かならん。然(さ)れど有(も)たぬ人は、その有(も)てる物をも取らるべし。 112

「ただ生けるなり」 136

「たのまいでもおかげはやってある」 96

「天地一切のものと和解せよ」 34

「天地の主(しゅ)なる父よ、われ感謝す、此等(これら)のことを智(かしこ)き者、慧(さと)き者にかくして嬰児(みどりご)に顕(あらわ)し給(たま)えり。」 139

「天地万物との和解が成立せねば、神は助けとうても、争(あらそい)の念波は神

(ふさ)にさわる。それは御衣にだに触らば救われんと心の中にいえるなり。イエスふりかえり、女を見て言い給(たま)う「娘よ、心安かれ、汝の信仰なんじを救えり」女この時より救われたり。 114
もし汝等信仰ありて疑わずば、啻(ただ)に此の無花果(いちじく)の樹にありし如きことを為し得るのみならず、此の山に「移りて海に入れ」と言うとも亦(また)成るべし。かつ祈(いのり)のとき何にても信じて求めば、ことごとく得(う)べし。 132
「病はない」 93
「我が此土(このど)(実相世界)は安穏(あんのん)にして天人常に充満せり、園林(おんりん)諸々(もろもろ)の堂閣、種々の宝もて荘厳(しょうごん)せり、宝樹華果(ほうじゅけか)多くして衆生の遊楽(ゆらく)する所なり、諸天、天鼓(てんく)を撃(う)ちて、常に衆(もろもろ)の伎楽(ぎがく)を作(な)し、曼陀羅華(まんだらけ)を雨(あめふ)らして、仏及び大衆(だいしゅ)に散ず」 102
「我が浄土は毀(やぶ)れざるに、而(しか)も衆(しゅう)は焼け尽きて、憂怖諸(うふもろもろ)の苦悩、是(かく)の如き悉(ことごと)く充満せりと見る」 103
「吾ら知ることを語り、見しことを証(あかし)す」 144